新任社工督导者的十一项操练

The Eleven Disciplines for New Social Work Supervisors

莫世民 香盈盈 叶丽平 / 著

中国社会出版社
国家一级出版社 · 全国百佳图书出版单位

图书在版编目(CIP)数据

新任社工督导者的十一项操练 / 莫世民，香盈盈，叶丽平著 . -- 北京 ：中国社会出版社，2021.4（2024.3 重印）
（社工书架）
ISBN 978-7-5087-6528-0

Ⅰ. ①新… Ⅱ. ①莫… ②香… ③叶… Ⅲ. ①社会工作－基本知识－中国 Ⅳ. ①D632

中国版本图书馆 CIP 数据核字(2021)第 064763 号

出 版 人：程　伟
终 审 人：尤永弘
责任编辑：余细香
策划编辑：余细香
责任校对：张爱华
封面设计：时　捷

出版发行：中国社会出版社
地　　址：北京市西城区二龙路甲 33 号
邮政编码：100032
编 辑 部：(010)58124839
网　　址：shcbs.mca.gov.cn
发 行 部：(010)58124845；58124848
经　　销：新华书店

印刷装订：中国电影出版社印刷厂
开　　本：145 mm×210 mm　1/32
印　　张：5.75
字　　数：130 千字
版　　次：2021 年 4 月第 1 版
印　　次：2024 年 3 月第 3 次印刷
定　　价：36.00 元

社工图书专营店
中国社会出版社天猫旗舰店
中社文库微信公众号

本书的 11 项操练是为那些奋斗向上的新任社工督导者准备的。

书里的每一项操练都是为了帮助重视专业修炼的督导者解决疑惑和困难而设计的。

序　一

做个称职的督导者

怎样才算是一位称职的督导者？这是众多刚由一线社工岗位升任督导岗位的人感到忐忑的问题。目前，社会工作行业从业人员平均年龄偏向年轻，流动性大，督导者与被督导者的年资普遍相差不远，表现较优的一线社会工作者本应还处在累积实务经验的成长阶段中，因机构人手紧缺，很快便被提上督导岗位，这对他们来说，难免自信心有点不足，需要不断探索如何提升自我能力。因此，各地有关部门及相关专业组织都纷纷组织督导班，帮助在一线的同工学习新角色所需要的理论和技巧，以便他们顺利转型为督导者。培训的目标，是帮助有潜质成为督导者的同工，掌握基本的理论、工作原则、在督导过程中所应持有的态度、技巧和沟通方法。

这本书正好为新上任的督导者提供了一套有系统的工作和思考方法，为他们未来的工作做好准备，所以是督导培训班很有用的教材。已经在督导岗位上的同工，我也非常推荐：把这本书放在案头，不时翻阅，以提醒自己一些重要的、容易在繁忙的日常工作中忽略的原则。

感谢莫世民老师和他的团队，联同合作的社会工作服务机构，长期默默耕耘，不断实践、研究和总结经验，并出版成书，慷慨地将宝贵经验和资料与同行分享。莫老师在2017年和2019年分别策划出版了《新入职社工的十一项操练》《新手社工主管的十一项操练》，它们分别是新入职社工和新手社工主管必读的参考书，受到广泛的好评。现今莫老师持续不懈，为社会工作专业又作一新贡献，策划出版《新任社工督导者的十一项操练》。无论是新任督导者，还是现任督导者，若要成为一位称职的督导者，这本书都有很大的学习价值。

罗观翠教授

2020年11月

序　二

用心创造一个专业成长空间

发展社会工作靠什么？靠作用于环境的间接外力，还是作用于自身的直接内力？成家生子的家庭外力、机构组织的管理外力、政府约束的政策外力，对家庭和工作的期待的行动内力、对能力和角色获得成长的内力、对价值和责任追求的生命内力，这些外力与内力的边界构成了一个空间。做名社会工作者，我们在服务空间中影响服务对象；做名社工主管，我们在工作空间内打造服务项目；做名社工督导者，我们充气、加油，打破藩篱，构建专业服务系统，发展完善的广阔空间。

令我对他的敬仰不断攀升的莫世民先生，在他从香港社会福利署退休后的“黄金十年”中，陆续为我们打造了新入职社工、新手社工主管、新任社工督导者的11项操练，向我们诠释了一位有40多年从业经历的社会工作者孜孜不倦、当仁不让、责无旁贷的初心和坚持。对工作细节的认真、对困难挑战的从容、对社会工作者的亲和谦逊、对机构的支持尊重、对社会工作事业的忠诚职守……我的职业空间是在莫先生的榜样空间中塑造而来的，我期待着莫先生用他的“白金十年”继续陪伴我们成长。

督导者在对机构组织管理制度的执行和完善中贯彻行政功

能；在对从业人员价值理念的树立和专业知识的获得中实现教育功能；在工作挫折与成就获得的陪伴中发挥支持功能；在以服务对象为中心的服务要素统筹中落实协调功能。督导重要，但做好督导工作难！全部来自实务工作的、理论和实践相结合的11项操练，将帮助我们克服督导工作中的种种难题，帮助我们针对督导角色空间的薄弱点和承重点发力，用心体会、用心演练、用心应用，从而用心创造一个自我专业成长的空间。

用压力管理增强信心、用伦理支撑行动的正确性、用个案管理管控风险、用资源为督导“加挂”，实现权威性督导的成长目标、发挥正向激励的作用、场景中“现学现用”操练最有效、任务为中心精准定位督导需求、取经路上督导因人施策、在工作舞台上建立角色关系、输出4面（指督导的四个功能：教育、行政、支持和调节）、收获11项（隐喻11项满足感，见本书P025）满足。学到了吗？没有？那我告诉你秘籍：把这本书放手边，每一项练11遍，你就可以看到“新任总干事的11项操练”。

用心走我们脚下的这条路，我们能够一起到达远方！

杨明宇

2020年11月

自序一

社会工作督导是一个社工使能（enable）的过程，也可说是与辅导介入（treatment）并进的一个过程，为的是要提高专业能力、社工士气和工作满意度。督导的原则是要协助社会工作者实现愿景，并明确表达社会工作的使命。有了督导的过程，才能保证对服务对象、小组等的服务输出是专业和有质量的。

新任督导者从基层社会工作者晋升到督导阶层，除了工作内容有所转变外，也会面对一系列的挑战，例如无法获得社工下属的认同，感到挫败与无奈；在角色转换阶段因“准备不足”“能力不足”而无法有效发挥督导功能；对自身“角色的模糊和冲突”，不知道该怎样扮演督导者的角色；又或与社会工作者的工作理念不合等，而机构又必须思考如何协助督导者在角色转换中做好准备，从而达到角色的认同并发挥应有的功能。

本书从新任督导者该做的心理准备谈起，再转向怎样督导社工下属，提升服务质量，领导小组及个案决策判断等，整理出有用的原则与技巧，让你在初登督导“大位”时，不至于无所适从。本书的 3 位作者带来中国广东和香港、美国、英国的经验给读者。本书虽不是巨著，但书中提供的操练肯定会令你在督导工作上更有信心、更受欢迎，帮你找到突破向上的路径。

有人问本书的 11 项操练很难吗？答案有两个：一个是正

面的；另一个是负面的。先告诉你负面的答案：部分操练确实很“难”，不大适合那些急于求成、贪多求快的学习者，因为它们是用来指导一群正在奋斗中的社工督导者，提升他们的督导教授技巧、个案技能、带领小组的功力等微观技巧。而社会工作专业最难雕琢的就是微观技巧，它需累积经验才能提升专业自主度，更何况督导者还要通过与被督导者建立工作关系、和机构的CEO、主管、行政主任等打交道去实现目标。虽然本书准备了很多方法，但是还没有办法向你全面及逐一解释清楚，就像气功大师没办法告诉你呼气“一点点”、吸气“若干”，这“一点点”“若干”到底是多少的道理一样。本书的操练难不难？我们交给督导功力和水平不同的读者们去评鉴。但能肯定的是，那些沉得下心来学习的社工督导者，如按照书中的方法实践，一年下来必定能体会到操练的成果。

再告诉你正面的答案：有难度、富挑战性的操练其实是一件好事。这11项操练虽难，但很靠谱。这里面的技巧、深度、广度、力度等确实不容易拿捏，而且每个督导者完成所有操练，并做到恰到好处需要的时间、力度也不尽相同。但是作为资深督导者及过来人，3位作者总能够给你一些实用可行的建议。不管是用来捅破窗户纸的思维冲击，还是用来实操的方案，都给你准备了不少。只要勤于操练，应该都能巧妙运用最终达到融会贯通。

什么样的督导知识才值得我们花费精力去学习呢？将我们有限的精力投入何种操练中去才会发挥更大的督导威力？这些问题在书中有精彩的阐述。禅宗有云“道不可道，然近道之道不可不道”。11项操练比较难练，难在部分操练的分寸不好拿捏。但是本书已尽量给你走近道的法门，以便你运用其精妙之处，更上一层楼，如此你还会觉得难吗？毋庸置疑，这些操练是需要每一位新任督导者自己实实在在地去操练。要谨记：“难”的一个好处就是它能协助你很快赶上大多数社工督导前辈，并可进步再进步，超越再超越，使你更受被督导者欢迎。11 项操练之所以能令你如鹰展翅上扬，所凭借的就是这个“难”字。

此外，亦有人问 11 项操练一定会让新任督导者“能督”“善导”吗？在此，我给你一个肯定的答案。11 项操练是为那些奋斗向上的新任社工督导者准备的。书里的每一项操练都是为了帮助重视专业修炼的督导者去解决实际问题而设计的。如果你是一个积极向上的社工督导者，现阶段虽然仍缺乏信心、经验及火候，11 项操练将会给你强大的助力，使你未来成为督导中的中流砥柱。你们将来不但要工作上做得好，而且要有创意。现在你们不要在乎别人先发的优势，只着重此刻怎样提升自我；不问目标有多难，只问自己能不能学到这 11 项操练。你需要做的就是尽量拿出奋斗上进的心态去学习再学习，操练再操练。因为这本书是为你准备的。

本书得以付梓，首先要衷心感谢杨明宇博士的支持和鼓励，他的广州市同行社会服务发展中心更是出资印刷，不胜感激。我也要特别感谢罗观翠教授惠赐序言，她是社会工作专业先锋，她的序文为本书增添画龙点睛的光彩。此外，我亦要感谢中国社会出版社余细香编辑悉心为本书编校，李文俊先生为本书绘制插图，以及本书其他两位作者，叶丽平和香盈盈女士的通力合作，使本书得以面世。特此致谢。

莫世民 MH

2020 年 8 月

自序二

2012年曾被誉为广东省广州市社会工作发展的春天。在这一年，广州市正式大规模推行街道家庭综合服务中心（现改称为“社工服务站”）建设工作，到2013年，广州已在全市建立起150多间家庭综合服务中心。得益于此东风，我转行加入社会工作行业。

在加入社会工作服务机构前，我对社会工作的认识仅限于几部香港电视剧中的社工形象和网络上关于社会工作的寥寥几句介绍。俗话说“行外看热闹，行内看门道”，真正加入社工行业后，我才发现这是一个充满活力且富有挑战的行业。

很感激在我专业成长的路上，自始至终陪伴着我成长的两位督导，他们用自己的言传身教告诉我如何成为一个合格的专业社会工作者和社工督导者。

第一位是杨明宇老师，是他带领我走入社会工作这一专业领域。在我眼里，他是我遇到的对本土社会工作事业最忠诚的社会工作者。他以培育符合社会需要、符合行业发展、符合政府期待的专业社会工作者为使命，他从未放弃对专业价值和意义的追求。他的初心、他的坚持、他的行动，教会了我：一位成功的督导者，就是社会工作者的人生导师，不仅是授业解惑，更应是传道增能。只要专业价值不偏离，那么你就一直在正确的路上，总有一天能到达理想的彼岸。

第二位是莫世民先生。如果说杨明宇老师是一盏明灯、一座航标，负责指引方向的话，那莫世民先生对于我而言就是一个港湾！他总能理解我成长路上出现的茫然与无助，肯定我的努力，拓宽我的思维，尊重我的决定。我认为他就是一位内外一致的专业社会工作者。

在我从一个“社工小白”蜕变成为一名社工督导者的9年时间里，前辈督导者给予了我众多的指导、支持和关怀，可以说，我的社会工作专业价值观确立、知识及方法技巧的储备，基本上都来自我的前辈督导者。从我自己的专业成长历程来看，督导者就是社会工作者专业成长的明灯，在社会工作者感到迷茫时为其指明方向，助其走出困境；督导者是社会工作者专业自信建立的助力者，协助社会工作者逐步找准定位并实现成长期待；督导者是社会工作者学习的榜样，从价值理念到专业方法，从处事风格到做人态度，社会工作者都会从中学到一二。

目前，全国各地都在大力发展社会工作和志愿服务，社会更加期待社会工作能发挥专业优势，在基层社区治理、困境人士精准服务及心理健康支持体系建设等方面承担更多的责任。这对于社工督导者而言，既是一个发展契机，也是一个成长挑战。

正因为督导工作在社会工作者专业成长路上的特殊价值和意义，所以才会有《新任社工督导者的十一项操练》这本书的诞生。我们希望能以大家容易接受的方式分享我的“经验之谈”。

感谢本书另外两位作者莫世民老师和香盈盈老师对我发出

的邀请，让我有机会参与本书的编撰工作，也为我提供一个机会，让我能梳理总结自己的督导经验和感悟。同时，感谢广州市同行社会发展服务中心一如既往地支持社会工作行业的每一位“新手”。

叶丽平

2020年9月

CONTENTS

目 录

第一章

绪论：11 项操练的由来

督导，是优质社会工作服务的重要基石。

社会工作行业在我国内地得到全面推动已经有十几年的历史。《社会组织蓝皮书：中国社会组织报告（2020）》数据显示，自 2008 年全国社会工作者职业水平考试实施以来，全国已有近 53.3 万人通过考试取得了社会工作者职业资格证书。另据 2020 年 10 月 23 日民政部举行的 2020 年第四季度例行新闻发布会消息，2020 年全国社会工作者职业水平考试报考人数也再创新高，总数突破 60 万人。根据《国家中长期人才发展规划纲要（2010—2020 年）》有关规定：为了适应构建社会主义和谐社会的需要，以人才培养和岗位开发为基础，以中高级社会工作人才为重点，培养造就一支职业化、专业化的社会工作人才队伍。到 2015 年，社会工作人才总量达到 200 万人。到 2020 年，社会工作人才总量达到 300 万人。要培养这样庞大、快速发展的社会工作人才队伍，急需配备一支专业的社工督导者队伍，对社会工作者的工作予以监督和指导，确保服务的质量和成效。2021 年 3 月，民政部发布了《社会工作督导指南》，对社会工作行业的督导作了规范性的指引。

一、内地社工督导工作的发展

为一线社会工作者提供专业实务等方面的督导工作，是大力推动社会工作行业发展的一个重要部分。内地社工督导的发展大致经历了三个时期。

起步期，机构在职社会工作者的督导工作主要依靠我国香港、台湾等地区的资深社会工作者支持。若干年后，随着行业发展以及社会工作人才培养机制的完善，渐渐形成港台、内地高校和本土督导相结合的、多元化的督导梯队。不论是来自哪里，第二个时期，督导者仍旧大部分都是外聘的，不属于机构内部的成员。近几年，随着内地机构发展和本土社会工作人才逐渐成熟，任命机构内部资深社会工作者担任督导者成为内地社工机构人才发展、晋升和资源优化、使用的重要策略。此时，督导工作的发展进入第三个时期，外聘督导者与机构内部督导者并用。这时机构在职社会工作者承担督导工作的配置更接近我国港台地区和大多数国外发达国家社会工作服务机构的督导配置。

以外聘来自我国港台地区的督导为主 → 外聘港台地区督导
内地高校老师
本土督导并用 → 外聘督导与机构内部督导并用

内地社工督导工作的不同发展时期

任命机构内部的资深社会工作者担任督导者，与外聘督导者相比，有一个很大的好处，就是内部资深社会工作者更能在督导中明白机构社会工作者的处境，更能准确指导社会工作者贯彻机构的策略和制度，也更能有效地跟相关人员和团队进行沟通和调解。在社会工作行业的起步阶段，本土和机构内的人才梯队暂时没有形成，邀请外部督导者给予支援，是一个过渡性的安排。而外聘资深督导者为机构内中高层资深员工提供支持，任命机构内资深社会工作者为一线社会工作者提供督导支持，是目前越来越多的社工机构尝试采用的模式。另外，除了聘请外部督导者训练、培养机构内部督导者之外，更重要的督导培养是由地方社会工作行业协会通过人才筛选和定向培养的方式进行，这些经过专项训练并考核合格的人员，将被赋予“本土督导”的身份，可以担任机构的督导工作。

二、两人同担一职的困惑

机构内的督导工作一般可以细分为两种形态：直属上级督导和非直属上级督导。

形态一，直属上级督导。在这一形态中，督导者跟被督导者在同一项目或者部门内工作，两者是直接的上下级关系，日常工作中接触较多。这一形态是国外和我国港台地区大部分社工机构使用的模式，由社会工作者的直属上级为其提供督导，行政、专业和情绪支持的功能都由同一个人承担。

形态二，非直属上级督导。在这一形态中，督导者不属于被督导者所在的项目或者部门，督导者通常只在开展督导工作的时候与被督导者见面。督导者一般主要承担社会工作者的专业和情绪支持的督导功能，没有行政上的管理权责，只是配合推动相关的行政工作，类似外部专业顾问。

直属上级督导，日常工作中有较多机会接触

非直属上级督导，一般只在督导日见面

由机构内部的资深社会工作者跨项目进行督导工作，更像是两种形态的混合体——工作和岗位分配等行政性督导功能主要由社会工作者的直属管理者提供，专业和情绪支持由机构内其他项目的资深社会工作者提供。

当一名社会工作者或者一个团队的督导工作，分别落在两名不同的督导者身上，怎样才能确保督导工作整体的成效和正确方向呢？当外部督导者跟社会工作者的直属上级对同一个事项有两种不同甚至相反的意见时，被督导者到底该听谁的呢？当中微妙而复杂的关系，让不少新任督导者和管理者感到迷惘和头疼。

同时，尽管表面看来督导工作的不同功能分别由两个不同的人担任，但社会工作者的直属上级天然地具有督导下属的义务，因此这个直属上级也需要学习督导技巧。另外，即使是非直属上级督导者，也会面临跨团队督导的适应性、督导意见的有效落实甚至跨专业督导等问题。

三、新任督导者的成长

国内社会工作行业发展迅速，不少刚晋升为主管或者主任的社会工作者适应从一线社会工作者到社工主管的角色没多久，因为机构项目的发展和人员的增加，进而接受新的任务，开始担任督导者的角色。

英国资深社工督导者简·沃纳科特（Jane Wonnacott）通过一张图很形象地把一个社会工作者从实务工作者转化为督导者的成长历程展现出来。[①] 我们根据中国内地的情况稍加修改，以更贴近内地督导者的成长路径。

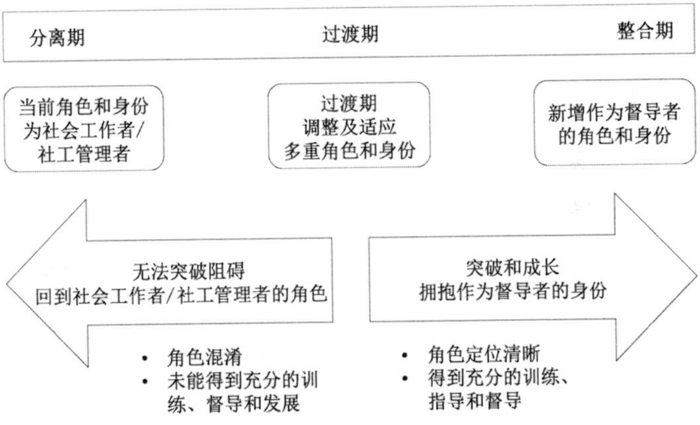

督导者的成长

从图中可以看出，从实务工作者到督导者是一个学习和成长的过程，需要借助外部训练和指导的帮助，经历内在的转化

① Jane Wonnacott：《社会工作督导》（赵环等译），上海·华东理工大学出版社，2015 年版，第 153 页。

和提升。这其中很关键的是新任督导者愿意主动拥抱新角色带来的转变和挑战。成功转化即能破茧成蝶，进入新的阶段，参与推动更多、更好的优质社会服务。转化不利则可能会退回原来的角色，继续一线社会工作者的实务工作或者担任普通管理者的角色。

本书的撰写，是希望为新任督导者的转化提供一些切合内地社会工作行业发展的经验，助力更多资深本土督导者的成长和社会工作服务的提升！

四、三人同行，汇集经验

2019 年冬天，莫世民先生和香盈盈合著的《新手社工主管的十一项操练》出版，香盈盈受邀到某市的督导班进行实务技能培训。在培训交流中，不少学员对从实务社会工作者和项目基层管理者身份到督导者身份的转变充满困惑，对同时担任多个角色时所经历的内在冲突感到为难。培训过后，香盈盈跟莫世民先生分享她此次担任培训导师的一些感想，最后半开玩笑地说："可以考虑来一本《新手社工主管的十一项操练》续集，为新任督导者也写一本书吧！"

莫世民先生很认同这个主意，并提议邀请社会工作者叶丽平一起合作。叶丽平从本科到硕士、从一线经验到取得督导班认证，实实在在地扎根在内地的社会工作行业近 10 年，有亲身经验值得分享。《新任社工督导者的十一项操练》的合著团队就此成形。

本书的 3 位作者，分别有来自我国内地和香港、英国、美国的学习及实践经验，曾参与服务和督导的领域包括社区、青少年、长者（老年人——编者注）、家庭、医务、精神卫生、残康、企业、禁毒、社区矫正等，服务和督导的对象群体几乎涵盖了一个人“从摇篮到坟墓”的全过程。3 名作者的社会工作专业年资加在一起超过 60 年。

书中分享的 11 项操练又是从何而来的呢？3 位作者分别采访了广东广州、深圳、佛山、珠海和福建厦门等地的社会工作从业者，他们的年资从几个月到超过 10 年不等，邀请他们分别从被督导者、督导者和管理者等不同的身份角度分享他们的疑惑和建议。另外，还采访了多位曾参与内地社工督导工作的香港资深社会工作者，取得了更为丰富的素材。同时结合 3 位作者过往的经验和反思，最终汇集成为推荐给新任督导者的 11 项操练。

五、本书的目标读者

书名标注的目标读者是“新任督导者”，以跟前两本“十一项操练系列”的“新入职社工”“新手社工主管”区别。虽然“社工主管”偏重的是管理者的工作，“督导者”则是督导方面的工作，但我们相信，随着国内社会工作行业的进一步发展，管理者和督导者角色的重叠以至合并是必然的趋势。所以，本书适合所有社工机构的中高层管理者阅读，不管他们目前有没有在担任督导工作。

除此以外，本书也适合高校社会工作专业的实习导师和接受督导的社会工作者阅读。本书的内容将帮助他们更清楚地认识督导的功能，设定对督导的合理期待，更好地跟督导者合作，达到更好的被督导效果。

本书的目标读者涵盖社工机构的督导者、中高层管理者，
高校社会工作专业的实习导师和接受督导的社工等

六、用词说明

社会工作专业跟很多专业一样，发源于西方，后引入中华大地。在英语中，跟督导工作相关的常用词有 3 个：supervise、supervision 和 supervisor。在国内，这 3 个词大多数时候都笼统地用“督导”一词代称。为了确保信息准确，连同 supervisee 一词，全书做个统一，以便读者更好地区分和理解书中讲述的内容：

表 1　与督导工作相关的常用英文单词

英语词汇	词性	本书中用词
Supervise	动词	督导
Supervision	名词	督导工作
Supervisor	名词	督导者
Supervisee	名词	被督导者/被督导社会工作者

七、致社工督导者的 11 项操练

本书分享的新任社工督导者的 11 项操练如下：

操练 1：以“广角镜”精准定位督导工作

操练 2：建立互信而富有成效的督导关系

操练 3：督导策略的“花式”选择

操练 4：精准分析与回应督导需求

操练 5：督导的“教学”策略

操练 6：善用激励助力督导成效

操练 7：做个高 EQ 的权威型督导者

操练 8：以整合资源之法，解督导困惑

操练 9：督导风险管理，建立个案呈阅制度

操练 10：社工专业伦理重温再重温

操练 11：督导工作压力“断舍离”

其中操练 5、9、10、11 由莫世民先生执笔，操练 1、2、4、7 由香盈盈女士主笔，操练 3、6、8 由叶丽平女士主笔。

以下篇章即为你开启督导工作的操练之旅。

第二章

操练1：以“广角镜”精准定位督导工作

督导工作不只是在督导室里给社会工作者解惑和交流。了解督导工作的大框架，掌握完整而平衡的督导要诀，方能在为社会工作者提供督导的同时，富有成效地推动更多社会服务的产生，也让自己和更多人的生命得到提升。

提起“督导”这个词，无论是社会工作行业外还是社会工作行业内的人，都可能有种说不清的感觉。行业内的人或许会告诉行业外的人说：督导就是社会工作者接受工作指导，参与过一次督导之后，自然就知道工作该怎么做了。这种对督导工作的解释听起来很像一种“体验式”的活动。事实上，督导工作的完整内涵不只是督导者在督导室里跟社会工作者一对一或者一对多地解惑和交流，还有更精细和丰富的内容。

用“广角镜”来“精准定位”督导工作，字面上听起来像是有点自相矛盾，但在实践中却是可以同时并存，甚或可以说是缺一不可、相辅相成的。

本章的内容将督导理论与实践经验相结合，从多个角度和范畴描述督导工作的定义和元素，以期让读者更完整、全面地了解督导工作。本章参考了英国、美国及中国多名学者对督导工作所下的定义，但目的不是要整理出一个满足学术要求的严谨定义，而是帮助新任督导者理解督导工作在西方发展的定义之后，再结合国内和所在区域的现实来思考与探索自身督导工作。

一、兼顾微观和宏观的督导工作“全局观”

将督导工作拆解为三个到四个不同的功能，是不少书籍和相关培训诠释督导工作的常用方法。这种诠释主要关注的是在督导室内督导者跟被督导者两个个体之间的互动，是一个相对偏微观的视角。但在实践中，人们会发现，只回应社会工作者个人的需求（专业知识、技能和情绪等），是一种相对狭隘和成效有限的督导。只关注社会工作者的个人需求并不一定能使项目的整体服务达到良好的效果，或者不一定能让服务使用者享受到更好的服务。本章我们将在从微观视角解构督导功能的基础上，将工作团队、机构、行业、社会政策乃至整个社会等都纳入考虑范围，用一个“广角镜”来检视和整合督导工作的方方面面。

在看清了督导工作整体的面貌后，再回头进入督导室，此时对督导关系、督导过程和督导成效等的看法和体会会大有不同。

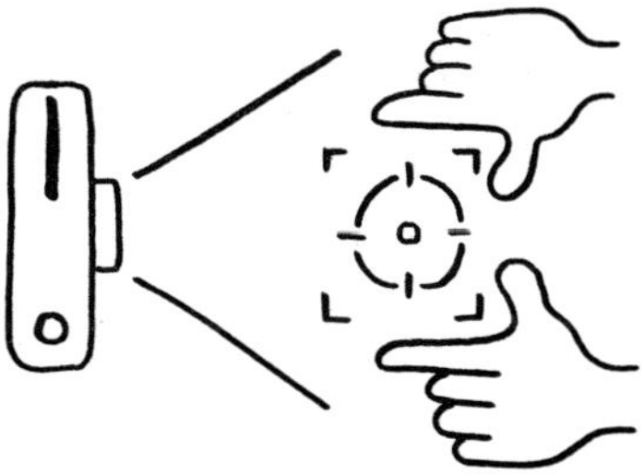

看清督导工作的全局，安全“驾驶”

二、解构督导工作

英国资深社会工作者简·沃纳科特（Jane Wonnacott）在她2012年出版的《社会工作督导》中，对督导者的基本工作职责提出了自己的见解：督导者为提升和保持社会工作者的工作表现而负责，从而满足服务项目和服务对象的需求。[①] 这个陈述主要是以督导工作中授与受双方的关系和社会工作者的工作表现为出发点展开的。

美国学者阿尔弗雷多·卡杜山（Alfred Kadushin）和丹尼尔·哈克尼斯（Daniel Harkness）认为，督导者通过与被督导社会工作者建立良好的督导关系，以达到按质、按量地为服务使用者提供尽可能优质服务的终极目标。[②] 他们指出，尽管督导者不直接向服务使用者提供服务，但他们向被督导者提供直接的督导，他们的督导会对服务使用者将来接受的服务有间接的影响。由此可见，处在督导者角色的资深社会工作者即使较少直接参与提供日常服务，可是他们督导工作的质量却对最终的服务质量和成效有重要的影响。

另外一位英国资深社会工作者托尼·莫里森（Tony Morrison）的著作《社会关怀工作中的员工督导》（*Staff Supervision in Social Care*）常常被列为社会工作课程的教材。这本书整合了美国及英国不同学者对督导工作的观点，在书中归纳出了更

---

① ［英］Jane Wonnacott：《社会工作督导》（赵环等译），上海·华东理工大学出版社，2015年版。

② Kadushin, A. & Harkness, D. (2002). *Supervision in Social Work* (4th *ed.*). New York: Columbia University Press.

全面的定义：督导工作是一个过程，它是由机构授权一位员工和另外一位员工一起工作的职责，目的是满足机构的、专业的、个性化的目标，以实现最佳的服务成效。[①] 这个定义更加清晰地描述了接受和提供督导服务双方的角色，指出了双方的共同目标和责任，也从更宏观的角度把机构的角色纳入进来。

复旦大学顾东辉老师在《社会工作概论》[②] 中将社会工作督导描述为社会工作专业训练的一种方法。通过定期和持续的指导程序，由机构内资深社会工作者对社工机构内资历较浅的社会工作者传授专业服务的知识与技术。督导工作的目的是增进被督导者的专业技巧，并确保为服务对象提供有品质的服务。

来自英国、美国和中国的多名学者在他们对督导工作的定义中都提到了对服务项目和服务使用者的责任。中国教材的定义指明了督导者与被督导者之间的年资差异，并将督导工作视为一种训练，偏重知识和技能的传授；而英、美专家的书籍则将督导工作描述为一种关系和一个过程。

结合以上 4 个定义，从中整理出 4 个关于督导定义的重要方面以及相关的要素：

表 2　关于督导定义的重要方面及要素

重要方面	要素
1. 督导工作	是一个过程 是一种为服务对象提供的间接服务 是社会工作专业训练的方法之一

① Morrison, T. (2005) *Staff Supervision in Social Care* (revised edition). Brighton: Pavilion.

② 顾东辉：《社会工作概论》，上海·复旦大学出版社，2008 年版。

续表

重要方面	要素
2. 督导者	由机构授权 对被督导社会工作者的工作表现负责 应实现服务成效 一般是机构内较资深的社会工作者担任
3. 被督导者	由机构授权 应实现服务成效 一般是机构内资历较浅的社会工作者
4. 服务成效的体现	被督导者的工作保持良好和持续提升 满足机构、项目、服务使用者和社会工作者个人的需求 机构服务的质和量均符合要求

从上面的表格可以看出，与督导相关的关键词除了“督导者”跟“被督导者”，还有“机构”“服务使用者”以及“服务成效”等。

三、督导工作的 4 个功能

在 20 世纪 70 年代中期，学者卡杜山（Kadushin）提出将督导工作分为行政、支持和教育三大功能。约 15 年后，理查兹（Richards）等人再添加第四种功能：调解①。研究者莫里森（Morrison）于 21 世纪初在这四大功能分类的基础上，发展完善了这四个功能的具体内涵。笔者结合在国内督导的实践经验，尝试将这四个功能翻译和诠释得更贴近国内督导工作的实际。

本章先简要介绍相关工作的内容，书中后文的篇章将再讲

① Richards, M., Payne, C. and Shepperd, A. (1990). *Staff Supervision in Child Protection Work.* London: National Institute of Social Work.

述实践中的策略和方法。

表3 督导工作的4个功能

功能	主要目标或相关受益者
1. 专业提升 Continuing Professional Development	◦社会工作者的专业实践更加纯熟、知识面不断拓宽 ◦机构的服务质量保持良好、持续提升
2. 管理和行政 Management	◦社会工作者的工作表现更称职 ◦服务使用者能享受优质、足量的服务 ◦服务过程更规范和高效
3. 工作状态支持 Support	◦被督导者能及时疏解因工作而产生的压力和情绪，维持合适的专业工作状态
4. 工作关系调解 Mediation	◦被督导者跟服务使用者、团队、机构、合作方等保持得当的关系 ◦服务能顺利开展

功能一 专业提升：社会工作者专业技能更纯熟、知识结构更牢固和多元化

社会工作是一门为人提供服务的实践性专业，每个个体都不尽相同，在困境中的受助者更是各有自己的难处和期盼。圆满地解决一名服务使用者的问题所需要的知识、技能和资源绝对不是单靠从课堂和书本中就可获得的。

刚毕业或入行的社会工作者都需要通过工作实践来加深他们从书本上得来的知识的理解，不同的技法也必须通过多次反复应用和反思改进才能变得纯熟。督导者的功能就是在他们成长的过程中陪伴、指导和鼓励他们，让他们练就扎实的基本功。

工作中遇到的问题和需求层出不穷，社会工作者要在原有知识结构和技能储备的基础上持续学习。这时督导者或是将自己已知的知识和技能传授给社会工作者，或是协助社会工作者找到合适的进修资源和途径，以胜任手上的工作。

功能二　管理和行政：社会工作者的工作表现更称职

从项目行政管理的角度来看，社会工作者作为机构的雇员，其工作表现应该符合机构和上级领导的基本要求，成为称职的员工。无论督导者是否是社会工作者的直接上级领导，在督导的时候都需要留意以下 3 项跟工作职责和工作表现相关的内容：

1. 社会工作者的工作符合机构制度和程序指引；
2. 社会工作者的工作方法和成效符合项目要求；
3. 社会工作者的工作效率符合上级领导的要求。

督导者在有需要的时候，可以跟被督导者一起浏览《机构制度》《工作守则》《工作流程》以及《项目年度工作计划》《月度工作分工计划》等工作文档，以当中的内容为指引和参考。

功能三　工作状态支持：社会工作者工作压力和情绪得以疏解

社会工作者在日常工作中经常接触到处于困境的社会群体，各方的资源未必能马上解决所有的问题。在尝试帮助服务对象和服务对象家庭的过程中，不可避免地也在触碰和承载他们很多不同的想法和情感。社会工作者也是有血有肉的普通人，在每天工作中，面对诸多负面的人、事、情，也难免会有无力感、挫败感和价值冲突。假如不及时调整和梳理这些因为工作而引起的负面情绪和压力，过度卷入其中，势必影响某些服务工作甚至整体工作的开展。

督导的支持性工作就是帮助社会工作者探寻工作中给他们带来负面情绪的因素，找到疏解的方式，从而使社会工作者适时调整工作状态，恢复正常的心态再继续未完成的服务工作。

功能四　工作关系调解：社会工作者跟多个利益相关方保持适宜的工作关系

上文讲到的督导者为社会工作者提供工作状态支持，主要对应服务的是社会工作者内在的冲突和情绪。而工作关系调解，则对应服务的是社会工作者在工作中与他人的关系。这些工作关系涉及服务使用者、上级领导、同事、机构和合作方等。在这类实践中，督导者很有必要协助社会工作者重温和应用社会工作的伦理原则，提升自己辨识和处理这些工作的能力。

在此必须指出，督导者的调解功能并不等于督导者充当调解员的角色，为社会工作者跟存在矛盾的人做面对面的调解工作。督导调解功能的实现通常还是只在督导者跟被督导者两个人之间发生。督导者帮助社会工作者梳理和探索他自己跟对方关系的症结所在以及应对症结的步骤。关键是，督导者要促成社会工作者采取行动去处理工作中的分歧和冲突，而不是消极地任由这些小嫌隙发酵成为大矛盾。

职场心态还不够成熟的员工会倾向于用逃避、对抗甚至破坏性的方式来处理工作中的不满和人际冲突，督导者应该做的是帮助他们从消极逃避转变为积极应对的思维，并且鼓励他们采取行动消除误解和分歧。

上述4个功能相互关联，不能割裂。督导者不应当在工作中忽视或者故意避开其中任何一个。但在进行督导的时候，不需要同时发挥4个功能或者处理4个方面的问题。面对社会工作者不同方面的需求，督导者最先要做的是厘清社会工作者的困惑和困难所在，然后按照优先次序逐一聚焦解决。

四、建立督导联盟，破解二人分担一职的难题

上述定义和理论大多都是在英、美等国的实践中总结出来的。跟我国内地社会工作行业情况不同的是，英、美等国的督导者通常就是社会工作者本人的直接上级。这样，督导者处理机构、团队和奖惩等涉及行政权力与职责的内容时，角色相对清晰，督导过程中提出的专业建议也能更好地被落实和跟进。

但当督导工作由两个人分别负责时，事情就变得微妙而复杂起来。不属于本项目或者不属于机构的外部督导者，怎样通过督导工作来助力社会工作者按计划和要求，按质、按量地为服务使用者提供服务呢？当督导者的建议和观点跟管理者不一致的时候，社会工作者该听谁的呢？

破解之道，就是建立督导联盟。督导者、社会工作者、管理者乃至整个机构都要有这个意识。

联盟，就是两个以上本来各自独立的国家、团体或者个人，为了达到某种共同目的而结成的联合。督导联盟中的各个个体是为了什么共同目标而联合呢？当然是为了确保社会工作者能在符合项目要求、机构制度和流程的框架内，为服务使用

者提供优质的服务。

【晓玲的督导故事】

晓玲是和乐社工机构的副总干事，除了机构事务，她还负责项目点的督导工作。晓玲有多年家庭工作的实务经验，在督导工作中也常常鼓励社会工作者在服务里把家庭整体的需求纳入考虑。小A是接受晓玲督导的一名社会工作者，她很认同晓玲的家庭服务视角，也积极实践将家庭的需求纳入服务目标的指导。在两个新开始的个案服务中，她都加入了家庭相关需求的服务目标。

这天接受督导的时候，小A委屈地告诉晓玲，她的上级王主任在批阅个案文书的时候，要求她考虑在两个新开的个案里，删减跟家庭中长期需求有关的目标，只保留目前最迫切需要的短期目标。建议删减目标是考虑到3个月后项目将要接受评估，跟家庭有关的中长期需求会影响个案服务的结案率。

项目主任对服务的指示跟督导者的主张不一样，社会工作者小A该听谁的呢？督导者怎样做才更妥当？

建立督导联盟有心态和行动两个方面的内容。

第一，心态：秉持合一的心

督导者虽然未必是项目里的领导者和管理者，但督导者的身份自带专家光环，让社会工作者对其天然会产生一种敬意，自然也会对督导者的作风和处事态度有所期待。督导者应提倡齐心合力的团队氛围，提醒社会工作者不要因为个别服务、事件或者个人喜好而分帮结派，进而损害服务使用者的利益。

我们生活在一个满是奇妙生命的世界，不同的物种在陆地、海洋和天空有着千姿百态的生存模式和轨迹，大家和而不同，共同形成一个多彩有序的生态系统。在社会工作的服务和团队合作中，社会工作者既要尊重每个服务对象和家庭的独特性，又要在团队工作中互相合作，坚持既尊重差异又同心合作的理念。

作为机构和项目的一员，社会工作者有责任在符合机构制度和流程以及项目要求的范围内工作；加入某个机构和团队，也意味着需要了解和融入这个机构的文化和团队氛围。对于不够合理和有待优化的地方，社会工作者也应该以建设性的方式推动改变。不少职业心态不够成熟的社会工作者还不太懂得怎样拿捏其中的分寸。此时，正是督导者发挥影响力和调解功能的时候。当社会工作者带着误解或者敌对心态工作时，受影响的一定不仅仅是项目团队和机构，还有服务使用者。

第二，行动：督导者跟管理者之间建立常规沟通机制

在遵守督导工作基本保密原则的前提下，在督导前后，督导者跟管理者之间最好能简要地沟通一下。

1. 督导者向管理者简单了解近况

外部的督导者一般隔 2—4 周才跟社会工作者见一次面，对社会工作者日常的工作表现、服务质量、项目和团队的近况了解有限。但这些是督导工作的重要参考信息，需要通过管理者向督导者传递。沟通的方式可以灵活选择，不论是简短的电话沟通还是面谈都可以，只要双方方便即可。

2. 督导者向管理者简单报告督导要点和观察到的事项

这里提出的简单报告更多的是关于项目整体、人员管理、

工作状态等方面的内容，以整合督导者和管理者这两个角色在管理方面的督导功能。专业服务方面的督导建议，管理者可以通过文书了解，从而配合跟进和落实，让社会工作者在工作中应用。

我们建议督导者在工作结束之后，结合管理者在督导前传递的信息，简要地交流一下当次督导中观察到需要管理者后续留意的事项。反馈的内容可以包括项目整体以及社会工作者的个别情况，赞赏、肯定和指出不足都同样重要。

在反馈某些关于社会工作者个人情况和状态的信息时，督导者要留意遵守保密原则，不透露过多详细信息。建议分享的要点是督导者对社会工作者作了哪些指导，以及对管理者提出的一些参考建议。督导者在督导时，最好也直接询问社会工作者有无让管理者了解其状态的意愿。最理想的状况是，在督导者的鼓励下，社会工作者主动直接跟管理者沟通，不需要督导

督导者与管理者间建立常规的沟通机制

者当媒介来沟通。假如社会工作者暂时不愿意处理和面对管理者，督导者也应该尊重其意愿。其实在这种情况下，往往管理者也不会完全察觉不到社会工作者的特殊状态，只是暂时没能处理。此时督导者不妨听听管理者的意见，相信也能从中了解更全面的信息。

建立督导联盟能够最大限度地降低两人分担一职带来的损耗。督导联盟的共识应该在整个机构层面建立，社会工作者、管理者和督导者都知道这是一个常规的沟通机制，目的是确保督导工作的最佳成效和正确走向，而不是两个人在私下讲对方坏话的恶意联盟。

【给晓玲的督导工作建议】

回头看看晓玲的督导故事，我们给晓玲提出 4 个建议。

(1) 用“广角镜”看待事件

王主任对个案工作的指示让小 A 感到泄气，也可能让人联想到这是对鼓励使用家庭视角的督导者的不尊重。可是将事件放在项目服务年度工作中来看，就能体会这项指示更多是从项目整体角度出发考虑，而未必是对督导者或者小 A 个人的否定。

(2) 用同理心支持小 A

对小 A 的支持分成两部分：第一，认可小 A 的努力；第二，疏解小 A 的委屈。小 A 将在督导中领受到的理念积极地应用到工作中，值得赞许。本来蛮带冲劲的计划却被主任要求改动，职场新人不免失落。作为督导者的晓玲可以先通过表达同理心，给予小A情绪支持。

(3) 更新小A的工作观，操练灵活创意

帮助小A放下不满情绪之后，晓玲需要引导小A从局部的服务提供者的角度察觉到自己作为项目成员的身份，不仅仅要关注自身作为社会工作者的专业追求，同时也要考虑配合整个项目的工作进度和周期。

另外，晓玲可以跟小A一起探讨，帮助她操练思考一些可以兼顾多方利益的创意方式。例如，先跟服务对象商定回应紧急需求并在未来3个月可以达成的短期目标，在此期间做好服务，维持良好工作关系。待项目评估过后，检视服务的阶段性成效，再按照服务使用者的意愿考虑增加家庭相关的服务。社会工作者小A分阶段逐个完成不同的需求目标，使工作更聚焦，这对服务使用者和小A来说未尝不是个更合适的安排。

(4) 适时向王主任简单汇报

鼓励督导者与管理者之间建立常规沟通机制。在与管理层沟通时，不需要提及小A情绪的由来和如何处理的细节，巩固督导联盟的关键是督导者跟管理者分享自己对管理工作的理解和行动支持，以及对这一类性质的管理事件的思考和建议。

五、整合而平衡的督导工作

督导工作不单纯是资深社会工作者对年资相对较浅社会工作者的工作指导。我们通过一张图来呈现督导工作中涉及的不同群体和多重因素。

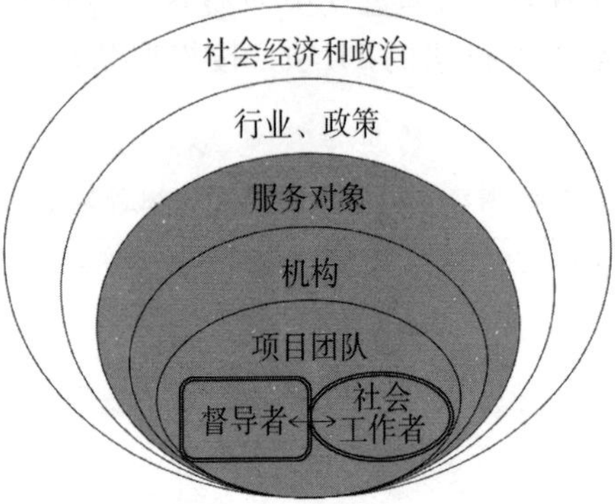

整合而平衡的督导工作

外部的督导者（双线方框）接受机构的邀请担任项目的督导工作，主要为社会工作者提供督导服务。尽管督导服务的直接对象是社会工作者，但同时也会间接影响到服务对象、机构和整个项目团队的运作（灰色部分）。在督导室里处理的事情，表面上看只是社会工作者本人和相关服务使用者的问题，但这些问题都跟社工行业现状、相关政策以及社会经济和政治等大环境的影响（白色部分）相关。

督导者在督导室内尽管只是面对一名或多名社会工作者，但心里还需装着所有与之相关的人和事，用“广角镜”看待和处理督导中的各项需求，这才是整合而平衡的督导工作。

六、担任督导者而收获的祝福

督导工作听起来充满挑战，责任重大，但同时这也是充满祝福和收获的修炼过程。

学者卡杜山（Kadushin）在一个研究中采访了美国 450 多

名从事督导工作的资深社会工作者，了解他们在督导过程中从哪些方面获得满足感。他整理出的列表一共有16项，在此摘录得到两位数以上投票的11项，按得票数从高到低列出来，以供参考。

表4　督导者在督导工作中满足感来源列表①

项	满足感来源
1	帮助被督导社会工作者提升专业工作表现
2	社会工作者在接受督导后，能为更多服务使用者提供更多高效和有效的服务
3	跟被督导社会工作者分享我的社会工作者知识和技能
4	有机会促进机构制度和工作流程的优化
5	遇到有好奇心、有理想和有热诚的被督导社工，从他们身上得到启发
6	推动被督导社会工作者的成长和全人发展
7	承担督导工作后，工作内容变得更多样化
8	有人向我寻求指导、建议和方向指引
9	在社会工作者需要的时候，能为其提供情绪支持
10	承担督导工作后，薪资得以提高
11	有机会接触到有相近专业水平又有趣的同事和同行

细心分析一下这11项满足感来源，前4项和第6、第9项属于督导者在工作表现、专业知识、情绪等方面给予社会工作者的支持以及对机构制度等方面的促进，一共有6项。另外5项则是督导者本人在承担督导过程中的收获。督导者自身在专业水平、自我形象、工作条件以及薪资收入等多个方面也有受益，真是教学相长。

① Kadushin, A. & Harkness, D. (2002). *Supervision in Social Work* (4th *ed.*), p. 321. New York: Columbia University Press.

除此以外，督导者中有不少是已经退居二线或者晋升到管理岗位的资深社会工作者，为一线社会工作者提供专业督导也是他们争取保持自己专业水平不退步的机会。社会状况、社群需求、行业生态常常变化，专业研究和工作手法也在不断推陈出新，即使是资深社会工作者也要持续更新自己的知识库和工具箱，才能满足被督导者在专业服务和工作上的需求。参与督导工作推动着资深社会工作者不断突破和超越自我。

各位新任督导者，带着智慧和勇气，相信这个新的工作内容会为你们带来更多不一样的收获。

小结

经过“广角镜”的检视，相信读者已经明了督导工作的丰富内涵和意义所在。建立督导联盟可以化解目前我国内地社工机构因聘用外部督导者弥补专业支持不足而形成的督导角色混淆和冲突的问题。

祝愿新任督导者们像雄鹰一样，有在高空中纵览全局的气魄。带着对督导工作整体而全面、正确的认知，自信地进入督导室，在为社会工作者提供督导服务的同时，推动更多富有成效的社会服务的诞生，让自己和更多人的生命得到提升！

第三章

操练 2：建立互信而富有成效的督导关系

督导关系从开始到结束的过程充满学问。在此过程中，督导者犹如大海里的灯塔，一直为社会工作者领航。督导工作的要义是社会工作者和督导者在专业工作关系中协同工作，因此，督导者与社会工作者之间建立互信而富有成效的督导关系至关重要。

英国资深社会工作者简·沃纳科特（Jane Wonnacott）在《社会工作督导》开篇之处指出："社会工作督导"的定义尚存争议，但大部分的定义都是围绕着一个人（社会工作者）跟另外一个人（督导者）在专业工作关系中协同工作这一主线展开的。从这个角度来看，督导者与被督导者之间建立良好关系并保持有效交流至关重要。

本书的操练 7 将会讲述督导权威的 3 个来源，除了角色权威来自机构授权，另外两个权威：个人权威和专业权威，很大程度上取决于督导者本人的修炼与积累。本章将讲述在整个督导工作过程中，如何与被督导者建立和维持良好的督导关系，以持续建立督导者的个人权威。

一个人的专业年资只能随着时间逐渐累积，知识水平也不是一时三刻就能迅速提升的，但人与人之间的关系，却可以因用心经营而在第一次接触时就获得良好效果。本章会通过讲述一段督导关系从开始到结束这一过程中不同阶段的要诀，讲授一些怎样建立相互信任和有成效导向的督导关系的要领。这些叙述比较偏向结构化（structured）的风格，新任督导者们可以考虑先从模仿结构化的安排开始，体验和尝试一些有章可循的固定事项，然后根据自己的特质再慢慢安排灵活性和自由度高的事项。

一、准备阶段：在新督导关系正式开始之前

（一）提前掌握基本情况

接到新的督导任务后，大部分人的心情是复杂的：既兴奋又忐忑。兴奋是因为被委托指导一个项目团队或个人的工作，这是被认可和信任；忐忑是因为要面对新人、新事，不知能否完成这份托付。

社工项目和社会工作者基本情况的信息一般来自项目管理者以及项目文件、服务文书等渠道。从合适的人那里提前取得关于项目和被督导者的基本信息，可以让督导者首次和被督导者见面时，就能更有效和更聚焦地建立关系。建议提前了解的信息包括但不限于以下几项：

1. 项目合同书：从中了解采购方对服务的期待。

2. 项目年度计划：从中了解项目团队的服务规划和思路。

3. 上一阶段评估的结果（如有）：从中了解评估方对项目上一阶段工作的评价和建议，这是接下来督导工作的重要参考。

4. 项目管理者对现阶段督导需求的看法和思考：项目主

管掌握整个项目服务的宏观进程和人员状态，他的观点对督导工作也有着重要的参考价值。

5. 被督导者的人数和基本情况：性别、年龄、专业背景、行业年资等。在第一次见面前，不一定需要了解太多管理者对于社会工作者工作态度和表现的细节反馈，避免形成过多先入为主的成见。

6. 前一阶段督导工作开展的情况（如可以）：主要了解项目管理者对前一阶段督导工作成效的小结以及可以考虑沿用的操作建议。

这几项内容涵盖了项目服务规划、团队成员基本信息以及各利益相关方的信息，掌握这些信息，能帮助督导者在与被督导者建立关系之前，就能比较准确地定位项目和人员的总体状况，从而对接下来社会工作者可能提出的疑问和需求能有所准备。

另外，这几项内容是一个理想状态，第一次督导前未必能够了解全部的信息，尤其是那些属于机构或者项目内部的信息，需要在跟管理者建立足够信任之后才能获得。但这几项内容可以作为蓝本，在督导工作开始后的前 3 个月内就留意和适时了解。

（二）提前通过文字传达第一次督导的内容安排

在西方国家参加音乐会、毕业典礼、婚宴等活动，主办方都会制作活动程序表派发给到场人士，让他们明确知道整个活动的内容和人员、时间安排等。精心制作的程序表可以视为是一种营造仪式感的行为。家庭治疗服务中也会鼓励家庭成员设定属于他们自己的家庭仪式，以拉近家人之间的距离。在建立督导关系的过程中，也不妨跟被督导者之间建立一些约定的小仪式。

提前通知所有被督导者督导当天的工作计划，是建立仪式感的方法之一。提前让社会工作者知道督导当天，他们需要预留哪些时段参与哪些内容，也是建立信任关系的一种方式，让人感觉督导者可靠和稳重。建议督导者至少提前3个工作日跟项目主管确定好第一次督导的目的、地点、时间、参与者和内容大纲5项内容，形成文字版本，并请项目主管提前一两天通过文字形式将督导者安排的5项内容传递给全体参与者，方便他们提前熟悉和预备。

每次开展督导工作之前，都应该提前发布督导内容大纲，作为一个正式的预告和提醒，使之成为一个小仪式。

二、首次督导：新督导关系正式开始

在督导工作开始的第一天，抓紧机会跟被督导者建立相互信任的关系，营造开放交流的氛围，使日后的督导工作更顺畅和高效。做好以下多个方面的工作能大大消除第一次见面的陌生感和紧张感。

（一）做好形象管理和守时

督导第一天的重要性就如人与人之间首次见面一样，彼此的第一印象很重要。资深社会工作者跻身督导者的行列，要更加留意建立自己的专业形象，从而展现专业素养，表现自己对社会工作者和督导工作的重视。

形象管理包括衣着、发型、体态、妆饰和谈吐等。督导者的穿着可以跟社会工作者日常工作的穿着相近，以整洁大方和舒适为主。近些年来流行的休闲服饰，如穿破洞牛仔裤、露肩上衣、超短裤等不适合作为社会工作者上班的穿着，对督导者来说就更加不合适。建议男性督导者穿长裤而不是短裤；女性督导者穿带袖子不露肩的上衣，裤子或者裙子的长度在坐下之后要能盖过膝盖。

守时也是工作中与人建立良好互信关系、表现尊重他人的重要行为。提前5—10分钟到达，做一些督导前的准备工作，不要总是踩点到达。督导者的时间观念对被督导者，尤其是新入职社工是重要的借鉴，有榜样作用，背后也传递出督导者对这项工作的重视和热爱程度。

讲求外观整洁的优秀督导者们，记得预留足够的交通时间，千万不要因为悉心打扮导致迟到而被扣形象分。

（二）先整体认识团队，再逐一认识社会工作者

外部督导者的工作安排一般会以一个项目团队为单位，督导工作会以一对一（个人督导）或者一对多（团体督导）的形式进行。在首次接触团队的这一天，以团体督导的形式跟全体社会工作者见面来开启督导关系，会比逐一见面更合适。首日督导的全体会面一般1—2个小时，然后再按需安排个人督导。团体督导一般以不超过8个人为宜。假如项目团队人数较多，可以考虑按照日常工作接触紧密度进行分组，分开做团体督导。

要为未来的督导关系打下基础，首次见面的团体督导应该做好三件事：

第一，督导者跟团队成员互相认识；

第二，每个人都有机会表达需求和担忧；

第三，一起探讨个人和团队近期需紧急解决的问题，形成共识。

1. 首次见面的团体督导内容

以下介绍一些适合安排在第一次团队督导、有利于建立互信关系的内容供读者参考，大部分的内容都属于结构化程度偏高的做法，某种程度上可以降低新任督导者的紧张感。但现实中不同督导者的偏好风格不一样，不同的社会工作项目团队特点不同，读者可以因地因时因人制宜。

建议内容（1）：督导者简洁、适宜的自我介绍。

供参考的自我介绍：

> 大家好，我是新上任的督导晓燕，很高兴认识大家！
>
> 我有5年的一线服务经验，做过长者和社区康复服务。
>
> 感谢机构对我的信任，给我这个机会在督导的岗位上有新的发挥，我也将它视为一个成长的机会。
>
> 刚刚开始做督导的我，心里还是有点忐忑的。
>
> 虽然知道自己未必能马上解答各位的每一个疑问，但我会尽力。也很乐意跟大家分享我这几年的一些成功经验和失败教训。大家一起成长！

到了督导者的岗位，新任督导者很值得花点时间为自己设计一个“自我介绍”的短篇演讲稿，在1分钟之内让在场的人了解你。在督导关系起始之初，需要让社会工作者了解你的行业经验、特长和工作志向。有些新任督导者的年资和经验还不是很丰富，建议多在自己的工作志向方面着墨，有火热志向和满满正能量的人最令人信任和欣赏。

客观来看，年资较浅的社会工作者即使受上级和机构信任而开始担任督导工作，但在专业和技能上仍有不少精进空间。无论在哪个行业，在前行的职业道路中总会遇到需要从头积累的新机遇和新挑战。就连行业经验超过30年的资深社会工作者，在督导的时候也不敢打包票一定能有问必答，更何况是新任督导者呢。谦卑、尽责的平常心，是新任督导者应有的心态。

督导者的个人爱好、家庭情况、与被督导项目或者机构相关的渊源等信息都可以起到拉近距离的作用，督导者可以选取合适的内容作简要分享。督导者自我介绍的时间最好控制好，避免喧宾夺主，一不小心在社会工作者心中形成喜欢自吹自擂的不良形象。

建议内容（2）：被督导者的自我介绍。

有人会认为在同一个项目中工作的团队成员，他们之间很熟悉，社会工作者自我介绍的主要听众是督导者。这其实是一个误解。现实中很多的团队即使大家天天一起工作，相互之间的个人交流也不一定很多。团队成员有机会围坐在一起进行高质量交流的机会不会嫌多，新任督导者正好可以为他们创造这个机会。

督导者可以设定两个让社会工作者分享的话题，一个跟工作相关（例如，加入项目的时间、入行过程等话题），一个跟个人状况相关（例如，家庭成员的构成，一个最想去旅游的地方等轻松有趣的话题）。当社会工作者逐一轮流分享的时候，督导者留意观察哪些社会工作者在认真聆听、哪些积极给予回应、各人愿意分享的深度等，可以从中获得很丰富的关于这个团队的信息。社会工作者个人分享的环节要留意做好时间控制，视人数多寡，以每人1—3分钟为宜，以免影响后面的进程。

假如时间允许，可以给所有人一次向其他任何一个成员

（包括督导者在内）提问的机会，营造开放互动的团队沟通氛围，也进一步增加大家之间的了解。假如项目团队对这种开放互动氛围比较陌生，社会工作者可能不会主动提问，这时督导者应该主动示范，对刚才某位社会工作者的发言作出回应或者主动提问。认真倾听别人发言后，给予回应或者表现出有进一步了解的兴趣，是亲和力的展现。

建议内容（3）：建立团体督导关系。

督导者跟项目团队社会工作者互相认识之后，就进入首次团体督导建立互信关系的核心内容：听取所有成员对督导的期待、担心和建议，然后全体成员一起检视和达成共识。

当众表达意见是一件冒险的事情，所以建议督导者预备一些小纸片或者便条贴，用不记名的方式收集社会工作者的想法。一张纸片写一项内容，收集起来之后再一起把这些不同的想法分类。

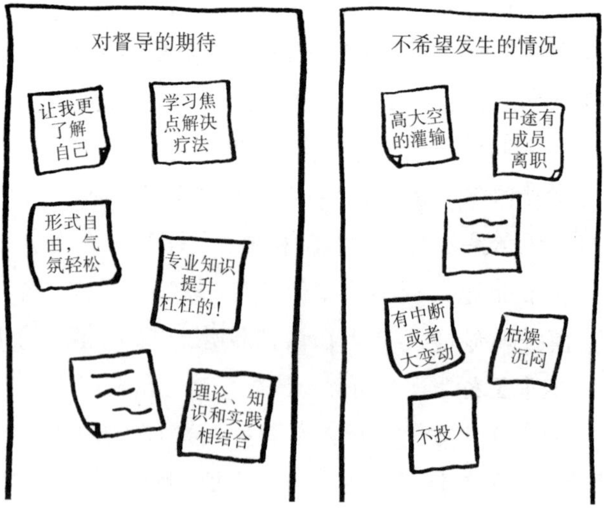

在第一次团体督导的时候，现场收集社会工作者的督导需求

晓文接受了新的督导任务安排，在第一次团体督导现场收集了5名社会工作者对未来督导工作期待发生和不希望发生的情况。一共收集了15张纸片，7项是关于期待发生的，8项是关于不希望发生的。

表5　项目社会工作者对督导工作的期待

期待发生	不希望发生
◦ 专业知识提升杠杠的 ◦ 更加了解自己 ◦ 形式自由，氛围轻松 ◦ 聚焦治疗 ◦ 理论、知识、实践相结合 ◦ 个案工作 ◦ 有固定的议题，可以提前有所准备	◦ 枯燥、沉闷无趣 ◦ 有人离职 ◦ 不投入 ◦ 有中断、大变动 ◦ 高大空地灌输 ◦ 无反响 ◦ 学而不思 ◦ 有缺席

接下来晓文将在场的社会工作者分成两组，给他们布置任务，用8分钟时间去仔细分析自己团队表达的需求，并将它们归类。一组负责“期待发生”；一组负责“不希望发生”。

社工们将期待发生的内容分成4类：

督导的效果（专业知识提升、了解自己），

督导的具体内容（聚焦治疗、个案工作），

对督导内容的要求（理论和实践结合），

督导的形式（轻松自由、有固定议题）。

不希望发生的内容分成3类：

关于社会工作者的（离职、不投入、无反响、学而不思、缺席），

关于督导者的（枯燥沉闷、高大空地灌输），

关于不可预期因素的（有中断、大变动）。

在社会工作者们分享完他们的分类之后，晓文对大家的分析予以肯定："很高兴看到大家很投入地对整个团队成员的分享作分析和思考，也看到大家都很愿意坦诚交流，这是未来我们一起合作的好的开始。"

接着她进一步回应和推进团体督导关系的坦诚交流："对大家从督导形式、内容和效果方面提出的建议，我会尽我的努力去落实。我也很开心看到在不希望发生的状况中，大部分是对你们自己作为参与者的要求。看得出来这是一个有很强反思能力和自我要求的团队。大家都希望整个团体督导的过程顺利而愉快，这确实需要我们一起去努力。有时候即使督导者很认真预备了一些内容，但参加者没用心参与，效果也自然会大打折扣。

我作为督导者，也知道自己还有不少不懂或者不能每次都能解答的问题。但即使是我不熟悉的内容，我也会尽量跟大家一起去找答案。我也希望大家保持开放和平等的交流，有任何建议和想法，都及时沟通。因为这是属于大家的督导，不是我或者主任主导的督导。"

社会工作者们听了晓文的这番话，都很认同地点了点头。

案例点评：晓文在这里用了好几个方法来促进督导与团队之间、团队内部成员之间建立信任关系。

一是行动学习，给社会工作者分组布置任务，调动社会工作者参与。

二是提高社会工作者的主人翁意识（ownership），让他们自己表达、分析和呈现自己的想法与需求；同时晓文也明确指出督导是为他们自己而不是为其他人服务的。

三是给予团队公开的认可（positive regard）。

四是展现谦虚的态度，建立可信任的形象，并鼓励彼此之间坦诚交流。

五是指出督导者和社会工作者的共同目标：督导的过程顺利而愉快。

这些方法不仅可以用于建立督导关系，也可以在整个督导进程用来维系和巩固督导关系。

建议内容（4）：申明督导规则，初步确定下一次督导日期。

在一轮民主参与式的讨论之后，首次团体督导接近尾声。至此，督导者也到了该承担权威专家角色的时候，对本次督导中社会工作者们讨论和发表的内容进行一个总结和补充。尤其是守时和分享当中相互尊重这两项，假如在前面的讨论中没有提到，此时就需要督导者补充，认真申明这两个事项。

督导者在首次团体督导时，也可以跟团队之间形成一个默契，在每次团体督导结束前，都一起商定下一次的督导日期，以便大家预留时间，也减少之后再商量的麻烦。因为涉及不同人的工作安排，有时候提前约定之后又需要变动，督导者可以提前跟社会工作者约定变动规则。例如，调整方式固定为往后推延一个星期。作为督导者的资深社会工作者不少都是身兼多职的，督导工作的时间编排尽量有规可循，这样能节省不少不必要的沟通成本。

通过在团体督导结束前作坦诚的点评分享和提醒，以及对于时间编排的妥当处理，社会工作者会对督导者的行事作风有更直观的了解，也能为彼此之间的督导关系加分。

2. 首次个人督导的内容

结束团体督导，对整个团队有初步了解之后，就进入跟社会工作者一对一督导的环节。团体督导中，每个社会工作者都会有一次自我介绍的机会，但有时候团体督导信息量会比较多，督导者不容易记住每一个社会工作者的名字，到了个人督导的时候需要再问一遍，这样会比较尴尬。为避免出现这一情况，除了尽量提前定出个人督导次序以便一一对应个人，督导者还可以在团体督导社会工作者自我介绍的时候，认真地在记事本上记录每一名社会工作者的姓名，有不清楚用字的时候还可以及时问清楚。自己的姓名被新来的督导者认真记录下来，相信对很多社会工作者来说，都意味着重视和尊重。

跟社会工作者第一次见面的个人督导，可以包括以下 3 方面的内容：

建议内容（1）：进一步互相认识。

不同的督导者对跟社会工作者之间个人交流的深入程度有所不同。希望建立更深入关系的督导者，可以在个人督导开始的时候，进一步地询问和回应第一次团体督导时社会工作者分享的内容，也可以问问社会工作者对督导者的背景或者其他方面有没有想进一步了解的地方，以营造开放的沟通氛围。

建议内容（2）：提出《个人督导年度计划》话题，初步交流。

设定《个人督导年度计划》并不是每位督导者或者社会工作者都重视的一项工作，但无论是出于满足评估的要求还是推动督导成效的需要，我们都建议认真对待这项工作，本章后文也会进一步讲解这个内容。第一次见面不需要现场定出目标，但督导者需要邀请社会工作者开始认真思考这个问题，在下一次个人督导时敲定年度计划的定稿。

建议内容（3）：解决近期的工作疑惑。

督导工作一般至少是每月一次，不应间断。就算是新项目开始的第一次督导工作，社会工作者也或多或少都有一些跟实际工作相关的内容需要指导，所以督导者应该预留时间为社会工作者提供督导服务。

（三）形成初步评定和督导策略

结束所有面对面的督导工作后，督导者应该对当天的工作作一个回顾和梳理，形成初步的情况评定。督导者可以结合督导前已经了解的资料与被督导者在团体督导和个人督导中的分享和表现，对该项目团队的士气、团队的氛围和特点、各社会工作者的状态和特点、团队层面和社会工作者层面的需求形成简要的评定，并且对应这些状况和需求，作出督导策略和规划。

第一次督导当天，督导者在离开前，如果能跟项目管理者简要地交流对项目团队的评定和督导策略，听取管理者的反馈意见，对双方的工作都会很有帮助。督导者与管理者站在两个不同的角度，双方的信息交流不仅能互相补充，还能互相鼓励。督导者跟社会工作者的接触是第一次的，了解的信息一定比不上管理者全面，制定的策略能得到管理者的反馈还能确保它的可行性。管理者能及时了解督导者对项目成员的观察和评定，以及后续督导工作的策略，也能在日常工作中更好地配合督导者的工作。前文提到的督导联盟也自然而然地开始建立起来了。

三、贯穿督导工作全过程：抗干扰、持续推进督导成效

督导工作的目的除了提升社会工作者个人的专业度，更是为了确保项目服务的质量和成效。因此，督导者需要着力推动被督导者的成长，并让这个成长在他们的工作中表现出来。现实中不少社会工作者乃至社会工作管理者都深陷各种各样的琐碎事务中，整天低头忙碌，对不少突发状况和干扰事件应接不暇，几乎没有停下来沉淀和检视成效的机会。受委托协助指导社工项目和服务的督导者，应该协助团队对服务和督导的走向保持清晰的思路，成为项目团队的明灯。

（一）联手抗干扰：助力社工团队

现今社会，很多行业都受着模糊性和不确定性的影响，如俗语说的“变幻原是永恒”。所以，督导者也应该对工作中遇到的干扰做好心理准备，持开放的态度。督导工作中可能会遇到的不确定性和干扰因素包括，被督导者的动力和意愿低、项目内人员流动频繁、机构内制度或者发展方向调整、采购方或者评估方要求调整等。

1. 跟督导工作相关度比较高的干扰

社会工作者的动力和意愿是影响督导成效的一个关键因素。当社会工作者的工作动力和成长意愿低时，对以确保他有良好工作表现为目的的督导工作，他的参与度和配合度相应也会低，这会严重影响督导效果。激发被督导者的学习兴趣和动力，本身也属于督导者的工作范畴，所以被督导者的动力和成长意愿这个干扰因素跟督导工作的相关度较高。同时，因为督

导者跟社会工作者在督导工作中能直接沟通互动，所以相对其他因素，督导者对被督导者的动力和成长意愿的影响力也相对高。识别和提升社会工作者工作动力的方法，可以参见本书操练6“善用激励助力督导成效”等章节的内容。

2. 跟督导工作相关度比较低的干扰

在督导工作进行的过程中，不免遇到项目内人员流动、机构内制度或发展方向调整、采购方或者评估方需求调整等情况。这些因素不是督导者可以预期或者控制的，但督导工作不可避免地需要因应这些因素而调整。

在督导工作遇到干扰的时候，相信社工项目团队感觉受到干扰的程度会更深。保持跟机构管理者以及相关社会工作者的紧密沟通，大家通力合作，一定能找到保持服务和督导成效的好对策。

（二）制订《督导年度计划》：督导关系和成效导向的纽带

对于制订《督导年度计划》这件事，不少督导者和社会工作者的第一反应是：这只是个形式，在现实工作中，各种因素变动太多，年度计划改变很大。年初定了督导计划，没过几个月就发现不符合现实或者推进非常缓慢，这确实是真实情况，但不能因此抹杀拟订《督导年度计划》的意义。

拟订年度计划在一些人看来是件痛苦的事。一年当中已经有那么多的项目、工作和个人年度计划，而且不少在中途都是要调整的，为何还要多加一个呢？在这里的回应是：第一，拟定年度计划觉得困难，可能是因为平时操练得太少，用心点，多加练习做起来会没那么难；第二，那些因项目、工作和个人年度目标要经常修改而带来的挫败感，除了因为不够用心和练习不够，还有可能是不懂检视和调整目标导致的。跻身成为督导者，应该给自己定一个有挑战性的任务——为督导年度目标而坚持和反省。

跟社会工作者一起制订《督导年度计划》，这个动作是一个邀请，背后是对督导关系的承诺。其实《督导年度计划》根本不需要凭空再想一个，直接参考社会工作者的年度工作计划或者个人工作计划就行，只是侧重点会有所不同。《督导年度计划》的重点是界定督导在哪些方面起到怎样的作用。也就是说，督导的存在是为了确保服务使用者得到合适的服务，《督导年度计划》的存在就是为了实现社会工作者和项目的年度计划。所以，制订《督导年度计划》就是明确督导者在推进年度计划和服务成效的过程中，要在哪些方面起到哪些作用。

《督导年度计划》不需要在每次督导中都拿出来检视，但可以每个季度简要回顾一下，尤其是在督导者感到督导内容开始变得繁杂、失去焦点、有太多临时增加的内容时，特别需要跟社会工作者以及项目管理者一同检视《督导年度计划》，看看是需要调整早前已经订立的计划，还是需要减少新增的内容。

有些时候，项目或者社会工作者可能会因为各种原因需要调整他们的工作计划，这个调整也是一次检视和反思督导计划是否应该对应调整的机会。督导计划调整与否或者能否达标本身不是最重要的，因为督导者和《督导年度计划》在当中扮演的角色就是提醒社会工作者要记得抬头看清楚工作的方向。

四、回顾成效和总结经验教训：结束督导关系

天下无不散之筵席。项目人员调动或者离职、督导者工作调动、项目调整等，都会使一段督导关系在预期之中或者预料

之外结束。

在可能的情况下，督导者在最后一次面谈中最好与被督导者有个正式的道别，并且一起回顾双方在督导关系和历程中的收获和经验教训，这对双方都会有好处。督导的过程是教学相长的过程，在协助被督导者解决他们的疑惑和困难的过程中，督导者自身或多或少都会有新的体会和启发。督导者将自己在这段督导关系中的一些收益和思考分享给被督导者，对被督导者也会是莫大的鼓励。

除此之外，督导者也可以分享一些合适的提醒和忠告，让被督导者在新的岗位和人生阶段可以继续提升。当然，不同的人对建设性建议的接受度不同。假如督导者认为在离别之前适合分享一些建议，对方会欣然接受，而且在日后会付诸行动，这就是这段督导关系中一份很美好的道别礼物。假如日后在社工圈子或者其他场合不期而遇，这段美好的结束说不定会是下一段合作关系的美好开始。

小结

督导工作的要义是社会工作者跟督导者在专业工作关系中的协同工作。从这个角度来看，督导者跟社会工作者之间关系的建立在督导工作中至关重要。虽然本章以讲述督导初始阶段建立工作关系的内容为主，但绝不意味着首次督导的安排和表现对后续的工作是唯一决定性的因素。督导关系从开始到结束的过程充满学问。在此过程中，督导者将像大海上的灯塔一样，带领社会工作者一同抵抗日常工作和环境中的干扰，一起努力追求卓越。

第四章

操练3：督导策略的“花式”选择

团队中有不同性格特质、背景经历的社会工作者，督导者要做到“因材施教”，对不同的被督导者选择不同的督导策略，将更有利于发挥被督导者的潜能，助力团队进步。

一、情景领导理论

因机构业务发展及组织架构的调整，机构管理层把晓婷调到一个医务社工项目，让其担任这个项目的内部督导者。此前，晓婷一直从事的是社区社工站工作，对于医务社工工作只是“略知一二”。而加入项目团队后，晓婷发现团队里的社会工作者各有“特色”——既有刚毕业的社工“小白”，也有非社会工作专业背景的人员，更有两位比晓婷更早加入此项目的“前辈”，面对这个“人员多样化”的团队，作为新任督导者的晓婷感到迷茫。

不论是外聘身份还是内部任命，从接受督导工作的那一刻起，督导者就肩负起带领团队、提高团队社会工作专业服务能力的责任。但团队中往往有不同性格特质、不同专业背景、不同人生阅历的社会工作者，就如上文中晓婷的处境一样。面对团队中不同的被督导者，新任督导者该如何因应不同社会工作者的特质制定有效的督导策略，既能发挥他们各自的优势和潜能，又能促进团队合作，不断提升项目的成效呢？在这里，给大家推荐一个不错的方法——把情景领导理论应用到督导中。

情景领导理论是由美国行为学家保罗·赫塞博士（Paul Hersey）提出的。该理论认为，人们在领导和管理团队时，不能用一成不变的方法，要随着情况和环境的改变及团队成员的不同，而改变领导和管理的方式。

情景领导模式将团队成员的状态分为4种情况：第一种为"没能力，没意愿且不自信"；第二种为"没能力，有意愿或自信"；第三种为"有能力，没意愿或不自信"；第四种为"有能力，有意愿且自信"。

相对于团队成员的4个不同状态，领导者应采取"告知式""推销式""参与式"及"授权式"4种不同的领导风格。

二、让社会工作者"对号入座"

我们把情景领导理论迁移到督导工作中，根据被督导者的专业能力（包括专业知识基础、专业技能、专业经验等）和工作动机（包括工作投入度、学习成长意愿、专业自信心等），把被督导者划分成4类（如下图），分别为：

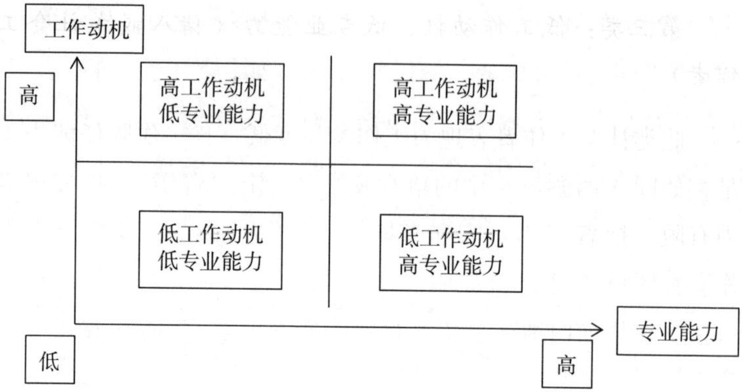

被督导者分类

第一类：高工作动机、低专业能力（沙僧式社会工作者）

此类社会工作者表现为，虽然专业能力欠佳，但是工作投入度高，对工作充满热忱，任劳任怨，对于被督导工作表现出积极的学习态度，乐于听取督导者的意见和建议，但接受督导后在实际工作中的应用不太理想。如同《西游记》中的沙僧，对团队忠诚，但能力有限。这类社会工作者多为新入职社工和实习生。

第二类：高工作动机、高专业能力（孙悟空式社会工作者）

此类社会工作者表现为具有强大的专业能力，能胜任目前的服务工作，工作效能高，而且投入度和参与度也高，对自己的专业服务充满自信，如同《西游记》中的孙悟空，能扫除团队前行的障碍，带领团队向着目标迈进，此类社会工作者多为团队核心骨干。

第三类：低工作动机、低专业能力（猪八戒式社会工作者）

此类社会工作者表现为工作参与度低，且工作胜任能力不足，如同《西游记》中的猪八戒，有一定“资历”，但发展潜力有限，抱着“当一天和尚撞一天钟”的心态。这类社会工作者在团队中往往就如同一块“鸡肋”——留之无用，弃之可惜。在目前内地社会工作行业的发展阶段，“猪八戒式”社会工作者在团队中并不少见。

第四类：低工作动机、高专业能力（白龙马式社会工作者）

此类社会工作者具有较强的专业能力，但缺乏工作动力，对工作任务展现出“消极回避”的态度，如《西游记》中的白龙马，虽是龙王太子，但对团队工作参与度不高，面对各种“妖魔鬼怪”时，常常默默在旁观望。此类社会工作者多被称为“老油条”，他们对工作有一定经验，但缺乏上进的动力和信心，在团队中比较“安守本分”。

三、不同的社会工作者，不同的督导需求

不同类型的社会工作者，其督导需求往往是不一样的。根据刚才的分类，我们也可以分析一下4种类型的社会工作者各有怎样的督导需求。

对高动机、低能力社会工作者来说，他们需要系统的专业理论学习和实务训练。在工作初期，可让他们多以协助者角色参与，在旁观摩学习。观摩后，根据其能力成长情况提供专业

指导和实务反馈建议，让他们持续保持高动力的同时，在工作实践中总结经验，不断提升工作能力，掌握工作方法。

对高动机、高能力社会工作者而言，他们需要的是更多自主发挥的空间和个人成长体验。他们期望得到督导者的赏识、信任和授权，愿意接受具有一定挑战性的工作任务，以展现其专业能力。

对低动机、低能力社会工作者来说，他们需要有清晰的个人职业生涯规划，厘清个人发展目标，获得必要的鼓励及与其工作能力匹配的表现机会，逐步激发工作动机，同时，他们还需要有参与团队决策和解决问题的机会，逐步提升工作能力。

对低动机、高能力社会工作者而言，他们需要展现个人能力的机会和持续有效的鼓励及肯定，让其有信心展现自我，获得肯定，提升工作动力。

不同类型的社会工作者，其需求往往也不同

四、不同的需求，不同的督导策略

上面给大家简单地分析了4种不同类型社会工作者的督导需求，那么我们新任督导者也要因应不同的需求采取不同的督导策略。

第一类：指令式督导——高动机、低能力

面对高参与动机、低专业能力的社会工作者，督导者可采用指令式督导，即直接告知被督导者具体工作的计划和方法，让其明晰工作的每个流程和安排，并严格按照督导者的计划执行，必要时可多采用示范的方式。直接按照指令做事，被督导者或许会感到缺乏自主性，因此，督导者可在下达指令之前，向被督导者说明其目前仍处于学习积累阶段，需要多听取他人的建议，直接按照督导者的方法操作，这样更有利于他们掌握相关技巧。适当的说明和情感铺垫，可让被督导者感受到被尊重和督导者的用苦良心。

第二类：授权式督导——高动机、高能力

面对高参与动机、高工作能力的社会工作者，督导者可以采用授权式督导，即在一定空间里，放权让被督导者自己作决策，督导者只需要让被督导者明晰工作的目标和他们可调用的资源，就让他们自由发挥。这里需要注意一点，"授权"不代表"放任不管"，督导者需定期通过各种方式了解被督导者的工作情况，并就当中的关键性议题进行询问，以更好把控整体状况。授权式督导也是一个循序渐进的过程，可从一场活动策划开始，到一个小项目统筹，再到更重要的工作任务，同时，督导者要注意与这类社会工作者保持沟通，因为适当的关心对他们也是很重要的支持。

第三类：教练式督导——低动机、低能力

对于参与动机低、工作能力低的社会工作者，督导者可尝

试教练式督导方法。教练式督导即一方面给予被督导者尝试的机会；另一方面则一直陪伴在他们左右，在被督导者不懂时给予他们教导，在他们缺乏信心和动力时给予鼓励。教练式督导需要督导者有充足的耐心，不要想着一蹴而就，因为低动机、低能力类型的社会工作者很容易因为遇到困难而放弃，所以督导者要经常留心被督导者的表现，觉察到被督导者面临挑战时，应及时给予适当的指导和支持，让其更有信心继续努力。

第四类：支持式督导——低动机、高能力

面对工作能力强、参与动力低的社会工作者，督导者可以采用支持式督导方式，即在工作上给予被督导者一定的自主空间，接纳其意见和建议，同时及时给予鼓励和肯定，逐步提升被督导者的工作效能感和投入度。此类社会工作者遇到挑战时比较容易产生放弃的念头，督导者同样需要对此有敏感度，在适当时给予精神上的鼓励和支持，这样就能让此类社会工作者坚持到底。

五、DISC 的运用

了解被督导者特质和优势，将更有利于新任督导者开展相关的督导工作。认识被督导者的性格特征，除了上面提到的按社会工作者的工作动力和工作能力高低分类外，还可以借助行为特征分析等工具，让督导者进一步了解被督导者的特质和专长。在这里给大家介绍一个工具——DISC（Dominance、Influence、Steadiness、Compliance 的缩写，心理学用语，一种性格测试方法——编者注）。

DISC 把个人风格划分为4 种类型，分别是掌控型（Dominance）、影响型（Influence）、稳健型（Steadiness）和谨慎型（Compliance）。不同的行为风格有不同的特质。接下来，我们通过一个表格给大家简单列举 4 种风格在性格特征、决策方式、工作倾向、沟通方式等方面的特质。

表6 DISC 分类

行为风格	掌控型（Dominance）	影响型（Influence）	稳健型（Steadiness）	谨慎型（Compliance）
性格特征	积极、热情 有行动力	活泼、开朗 风趣幽默	忠诚、随和 容易相处	谨慎、冷静 注意细节
决策方式	希望立即有效	感觉重于一切	有时间考虑或寻求他人意见	要有详细的资料评估
工作类型倾向	以目标为导向，有不服输的精神	良好的口才，能主动与人建立友善关系	能配合团队，扮演忠诚的拥护者	重视流程的掌握，注意细节
处理压力的方式	用行动力去面对它，能克服它	希望找人倾诉获得认同	逆来顺受，尽量避免冲突	重新思考压力来源，必要时作详尽的原因分析
与他人沟通的方式	直接讲重点， 不要拐弯抹角	轻松， 不要太严肃	不要一次说太多，要给予明确的支持	凡事说清楚， 讲明白， 越仔细越好
缺点	缺乏耐心	不够细心	没有主见	过于严肃
工作任务倾向	项目决策 项目统筹	团队关系维系 外部关系拓展	项目执行	项目检测 经费预算

了解被督导者的特质和优势

大家可以把自己或被督导者的处事风格与上表逐一对照，评估自己或被督导者属于哪一种风格。诚然，DISC 有一套更加严谨的测评工具，上表所列只是当中比较粗浅的部分，仅供新任督导者参考，以进一步了解自己和被督导者的风格。

对自己和他人有更多的了解，可以促进彼此间理解，提高沟通效率，避免冲突，从而更合理分工合作。

六、跨领域的新任督导者

回应本章节开头新任督导者晓婷面对的情况，她既要熟悉适应新的工作岗位和工作领域，还需要带领性格不一、背景不同的新的工作团队，怎样才能更快做到顺利过渡呢？

（一）自我调适：走出舒适区，以成长性思维迎接挑战

面对新的工作领域和团队，会面临诸多挑战，但最关键的是新任督导者要勇敢地走出自己的舒适区，以积极正向的心态、成长性的思维迎接新的挑战。所谓成长性思维就是以乐观积极的心态面对一切，如面对失败，成长性思维会反思、总结

失败的原因，愿意继续努力；面对挑战，不轻言放弃，敢于积极尝试。成长性思维更关注自己可以改变的部分，敢于挑战和更具创造性。晓婷被安排担当医务社工项目的督导者，是上级对晓婷能力的信任，晓婷对自己也要更有信心。

（二）虚心求教：多途径学习，不断充实自己

面对新的工作领域，新任督导者可以通过阅读项目发展资料、接触服务对象、咨询项目同事及寻求上级督导者的支持等方式，多途径了解项目的情况，同时，可以通过阅读相关专业理论书籍，或请教具有专业经验的前辈，或参观其他区域的同类项目，对新的工作领域有尽可能多的了解，积累间接经验。

（三）加强信心：专业有相通，懂得举一反三

新任督导者要相信上级的"调岗令"是对自己专业能力的信任，而且跨领域并非跨专业，基本知识原理是相通的，督导者可以通过一段时间的学习，在对项目和团队成员有充分的认识后，善用过去的经验，推陈出新，促进项目有新的发展。

（四）了解团队：分析团队发展阶段和各人特质，因人施策

晓婷可以结合上文提到的情景式督导和 DISC 等工具，对团队成员有更多了解，主动与被督导者进行沟通，了解各人对项目、对督导者等的认识和期待，综合分析判断团队的发展阶段，进而制订组织规划。

小结

所有新任督导者都会经历带领新团队的过程。在这个过程中，懂得运用有效的工具认识被督导者的特征，能让新任督导者更有效地评估团队的整体情况、更容易融入团队。尤其是面对跨领域督导时，除了充实自己在新领域的知识以外，更需要了解被督导者的情况，进而选择合适的督导方式。

第五章

操练 4：精准分析与回应督导需求

面对项目和社会工作者提出的各种不同的督导需求，督导者不一定需要照单全收、一一满足。根据需求的相关度和紧迫度作出合理的回应是督导者必须掌握的技能。

一、督导者必须有问必答吗？

这天是大学同班社会工作专业同学毕业 7 周年的聚会。美善、志强和晓宇聚在一起，交流着督导工作的经验。

美善说她督导的一个项目的社会工作者近期想学习萨提亚家庭治疗，想请美善教他们。虽然参加过萨提亚家庭治疗的培训，但对萨提亚家庭治疗了解得不多，美善心里没有底，可社会工作者提出需求，她不好意思推辞，就硬着头皮给他们讲。她刚买了 2 本萨提亚的书，准备自学后教被督导的社会工作者。

志强回应说，美善督导的社会工作者有学习的积极性，是件好事，最让他头疼的是，他督导的有一半都是入职不到一年的社会工作者，他们的基础知识和技能都很薄弱，感觉什么都要从最基础的部分讲起。

晓宇分享说，她督导的项目不断有新入职社工加入，需要用额外的精力帮助这些新入职者掌握基本的知识和技能。过去两年，她把每次督导讲授的基础内容都收集起来，形成了几个小系列，每次遇到新入职的社会工作者都会安排基础内容讲解课，这些新入职者也比较能按着进度学习和掌握。

定期整理督导工作的内容和心得，积累素材和经验

社会工作者在日常服务中会遇到各式各样的需求和问题，在督导时也会相应地给督导者提出各种各样的督导需求和疑惑。开篇案例中的美善用的是照单全收的方式来回应社会工作者提出的督导要求。

督导者要做到有问必答才算称职吗？肯定不是。督导者要做到有问必答，这是一个误解。

照单全收式地回应社会工作者提出的督导需求，表面上是负责任的表现，但实际上是疏于思考、缺乏督导专业判断力以及没有全局观的表现。

一些让社会工作者折服的资深督导者会给人留下指导到位的深刻印象，一方面是因为他们在行业领域内确实累积了很丰富的专业经验，有相对丰富的人生经验和阅历；另一方面是因为他们能捕捉到社会工作者提出的疑问背后的真实需求，并给予超越需求表面的回应。除了更广、更深地积累专业知识和经验，新任督导者需要留意学习的正是这种分辨社会工作者真实需求并给予适当回应的能力。

二、同行督导之路

督导成长之路是一条边走边修的路，而且是跟被督导者、项目以及机构一起同行、成长的路。督导工作必然要落在一个具体的机构里的一个或多个项目中的一名或多名社会工作者身上；督导者的成长必须依托督导实务工作中的操练和积累。社会工作者与社会工作项目的需求为督导者的成长与提升提供了空间和推动力。

从这个角度来看，项目社会工作者跟督导者是同行的伙伴。在督导工作中探讨的话题内容和形式是由项目服务周期、社会工作者的需求以及督导者个人特质共同决定的。

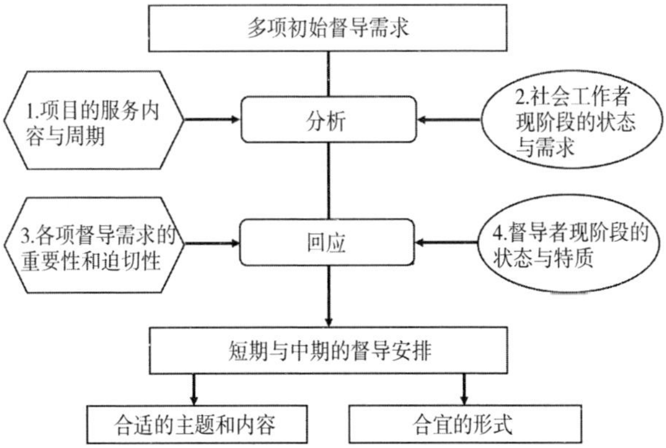

督导需求图

从上图可以看出，社会工作者在项目的工作以及个人方面会有多种不同的成长和指导需求，这些需求很多时候是零散的，方向也不一定一致，更不一定是一名督导者在短期内可以全部协助满足的。因此，督导者需要结合各项督导需求的相关度、重要性和紧迫度以及督导者自身的知识结构、优势和经验，跟社会工作者一起梳理和选择哪些需求适合放在当前的督导中解决，哪些更适合用其他方式和资源来满足。

三、精准定位督导需求

晓宇刚开始接手一个居家养老项目的5人社会工作者团队的督导工作。项目运作刚刚进入第二年，5名社会工作者里有2名有3—5年行业经验，另外3人则是第一次接触社会工作，并且其中2人入职只有半年左右。

项目主管碧玲对目前的服务水平不太满意，很希望晓宇的督导能更好地补充她日常工作中无法兼顾的需求，尤其是希望能解决社会工作者的文书写作质量低和不能按时提交的问题。

在第一次的团体督导里，晓宇邀请5名社会工作者用匿名的方式提出他们对督导内容的想法和建议。收集到的督导需求如下：

1. 怎样把项目做得更好；

2. 如何更好地适应当前的模式；

3. 怎样更好地完成项目的指标量，并体现出个案的个性化；

4. 提供一些惠及服务对象的政策资源；

5. 职业发展规划；
6. 个人督导：学习叙事治疗；
7. 情景模拟；
8. 如何应对冷漠的服务对象和家属。

另外加上项目主管碧玲在这之前提出的两项需求：

9. 提升社会工作者撰写文书的技能；
10. 推动社会工作者按时提交文书。

假如你是晓宇，对于社会工作者和项目管理者提出的这些督导需求，你会怎样分析呢？请你先试着在一张纸上写下：你怎样解读这些需求背后的深层需求，以及你会怎样梳理和回应这些需求。

下文讲解的督导需求分析和回应策略，供你参考。

精准定位督导需求

第一层次的需求分析：梳理初始需求传递出来的信息及真实需求

这10项初始督导需求看起来都是以知识和技能为主的需求，但背后还透露出社会工作者的工作、学习的态度和项目管理等方面的情况与需求。

从第1项至第3项的督导期望可以看出，团队社会工作者有积极正向的学习态度，也有从项目和服务成效出发思考的意识。而第 10 项推动社会工作者按时提交文书这一项，一定不会是单靠外部督导者一人之力可以实现的。除了通过第 9 项提升社会工作者写文书的技能，还需要协助项目管理者去检视和优化提交文书、社会工作者工作表现评核机制的执行情况，后者会涉及主管碧玲跟督导者或者其上级之间的沟通合作。

表 7　督导初始需求分析

（1）怎样把项目做得更好	• 从中可以看出社会工作者积极正向的工作态度
（2）如何更好地适应当前的模式	• 社会工作者对目前的服务模式未能很好地适应，同时有更好地适应的意愿
（3）怎样更好地完成项目的指标量，并体现出个案的个性化	• 有完成项目指标及个案个性化的意识，希望做得更好和得到指导
（4）提供一些惠及服务对象的政策资源	• 这是具体的知识性需求
（5）职业发展规划	• 可以看出社会工作者往上发展的意愿，但无论是对项目和机构内的发展、行业内的发展，还是个人整体的发展陈述不明晰
（6）个人督导：学习叙事治疗	• 对督导场景和督导内容提出了很具体的建议
（7）情景模拟	• 对督导的方式提出了具体的建议
（8）如何应对冷漠的服务对象和家属	• 这是一个对社会工作者有挑战的服务场景，社会工作者需要实务技巧和策略的指导
（9）提升社会工作者撰写文书的技能	• 文书写作能力训练
（10）推动社会工作者按时提交文书	• 文书写作能力训练 • 项目管理制度的优化和执行等

第二层次的需求分析：适合此时、此地、此人的督导需求

经过第一层次的需求分析，初步梳理出由社工团队和项目管理者提出的初始需求，了解他们目前对于项目及团队情况的判断和督导需求。以此为基础，接下来进一步的分析就应该着眼于与此时（一年之内）、此地（本项目）、此人（社工团队、社会工作者个人及督导者）相关程度较高的督导需求。

与此时相关的督导需求。符合此时需求的督导内容应该不超过未来一年，最好是对应项目执行周期和发展阶段，社工团队及社会工作者个人现阶段的整体状态等。运作第一年和已经运作了5年的项目，督导工作的关注点自然有所不同；大部分成员是合作超过3年的团队和一半以上成员是入职不到一年的团队的需求也不一样。

与此地相关的督导需求。符合此地需求的督导，需要贴合项目的服务内容、项目所在的地区以及项目服务的目标群体。只是泛泛而谈的概括性理论，一般不能给被督导者带来实际支持。在此需要提醒，督导工作贴合社区和服务使用者的情况不是说督导者本人需要完全掌握此地的情况，而是说督导者要留意引导社会工作者去探索和思考怎样的服务设置能更贴合该地区服务使用者的真实需求。

与此人相关的督导需求。符合此人的督导需求应该考虑到被督导者跟督导者在行业中的成长阶段。新入职社会工作者、有3—5年经验的社会工作者与有5年、10年以上经验的社会工作者的督导需求大不一样，新任督导者跟已经有若干年督导经验的督导者能够提供给被督导者的支持也一定会有所差异。

拔苗助长或者忽视年资差异，都可能会影响到督导氛围和互动情况。

“我们想要更接地气的督导者”

在机构工作回顾会上，两名项目主管向王主任反映说，希望新的年度更换一下督导者。尽管这两个项目现在的督导者都是该领域有相当丰富经验的资深社会工作者，而且他们分享的内容和建议在他们自身的团队中是实践得很好的方法和思路，但因为超过了被督导者的能力和现状，被督导者感觉督导们分享的内容过于“高大上”，对他们日常的工作帮助不大。

因此，项目主管们希望能安排“更接地气”的督导者。

这个例子说明，从被督导者的用户体验来看，督导者的专业知识不是良好督导效果的唯一必要条件。能否向社会工作者传授符合他们需要的知识和技能，能否帮助他们把知识转化到日常实务工作中，也是一名称职督导者需要具备的能力。从社会工作者表达出来的众多需求出发，综合考虑各方面的因素，梳理分析出一份符合项目和团队现阶段需要并在督导者能力范围内的督导需求，是成效为本督导工作的一个重要环节。

四、回应督导需求

经过对初始需求两个层次的梳理和甄选之后，就可以着手筹划适合这些需求的督导安排。督导内容的重要性以及与项目工作的相关性是重要考虑，从以下三个方面去衡量，可以让督导需求分析更专业和聚焦。

（一）选出适合在项目督导中提供支持的督导内容

上文案例中，督导者晓宇收集到的 10 项初始督导需求有不同的来源。有些来自社会工作者个人或者是整个团队，有些来自管理者。一般来说，管理者、社会工作者和督导者三方中，至少两方认为有需要的内容，才会被认为是符合团队现阶段需求的督导内容。

表 8　督导需求分析

<table>
<tr><th rowspan="2">分类</th><th colspan="3">提出或认可需求</th><th rowspan="2">督导需求类型</th><th rowspan="2">建议回应方式</th></tr>
<tr><th>项目管理者</th><th>社工</th><th>督导者</th></tr>
<tr><td>A</td><td>√</td><td>√</td><td>√</td><td>三方共同认可、切合整体需要的督导内容</td><td rowspan="2">• 将相关内容纳入近期的督导安排
• 选取合适的督导形式，以期良好的督导效果</td></tr>
<tr><td>B</td><td>√</td><td></td><td>√</td><td>社会工作者暂时还没有意识到或者暂时不认为是自己的需求</td></tr>
<tr><td>C</td><td></td><td>√</td><td>√</td><td>属于社会工作者个人专业兴趣，但跟目前项目的服务相关性不大</td><td>• 建议只在项目工作范围内的督导需求已被满足的情况下安排
• 建议通过推荐书籍、外部培训、网络资源等方式回应</td></tr>
<tr><td>D</td><td>√</td><td>√</td><td></td><td>督导者目前的知识结构未能满足这方面的需求</td><td>• 督导需要提升和学习的领域</td></tr>
</table>

类型 A　得到三方认同的督导需求。符合项目年度计划、跟社工实务工作相关的内容一般都是项目管理者、社会工作者跟督导者都认同、切合项目及团队需求的督导内容。如上表中

的A类督导需求，是督导工作中必须会回应的内容。

类型B 项目管理者关注的需求。有时候，项目管理者认为社会工作者需要在某些方面提升，但社会工作者本身未必有这个意识，如上表中的类型B。当督导者听到管理者提出一些社会工作者没提及过的需求时，督导者应该从项目服务需求、管理需求和社会工作者的状态三方面去综合考虑，评估管理者提出的需求是否应该纳入督导内容。在晓宇督导的项目中，虽然社会工作者本身没有提出提升撰写文书技能方面的需求，但在实际工作中，文书的撰写确实存在需要改进的地方，因此，晓宇决定将其纳入督导内容。

类型C 社会工作者个人关注的需求。有时候也会有个别社会工作者向督导者提出想要学习某些比较精专的理论或者技能，但督导者能判断出社会工作者学习了这些内容之后，很少有机会应用在目前所开展的项目服务中，如上表中的类型C。有些是年资较长的社会工作者希望在专业上有更深更广的学习，有些是社会工作者出于好奇想知道更多比较前沿或者比较新颖的知识，有些想学的内容甚至可能超出该名社会工作者现阶段学习的范围。社会工作者有意愿学习是好事，大部分督导者可能都不想打击他的学习热情，但占用项目内的督导时间讲授跟项目服务相关度不高的内容也不太合适。建议可以采用推荐书籍、外部培训、网络资源等的方式回应这些个人需求，这样既可以不打击社会工作者的学习积极性，也可以避免陷入占用项目资源讨论相关性低的内容的督导困境。

类型D 超出督导者目前能力范围的督导需求。在项目发展和督导的过程中，有可能会出现一些超越现任督导者目前知识结构和能力范围的督导需求，这既是督导者成长和突破的契机，也是一个检视督导资源安排的时刻。

晓宇将收集到的初始督导需求分类整理，也初步对应制订了一些督导策略的计划，希望能够比较到位地回应整个项目团队的需求。晓宇整理了以下表格。

表9　督导需求分析

督导需求类型	初始督导需求的内容	回应督导需求的初步构思
A. 得到三方认同的需求	（1）怎样把项目做得更好 （2）如何更好地适应当前的模式 （3）怎样更好地完成项目的指标量，并体现出个案的个性化 （7）情景模拟 （8）如何应对冷漠的服务对象和家属	• 重点了解3个方面：（a）当前项目基本的服务模式、社会工作者觉得适应和暂未适应的方面；（b）所有服务对象及其家属对社工服务的反应，了解“冷漠”的服务对象所占的比例和产生冷漠的原因；（c）个案工作开展的情况 • 根据以上三方面的现状，对应安排合适的形式，如专题培训、小组讨论、情景模拟等
B. 项目管理者关注的需求	（9）提升社会工作者撰写文书的技能 （10）推动社会工作者按时提交文书	•（9）在对社会工作者的常规督导中回应 •（10）侧重提升管理者的管理技能、优化项目制度及执行情况
C. 社会工作者个人关注的需求	（5）职业发展规划 （6）个人督导：学习叙事治疗	•“职业发展规划”这一话题可能只由某一名社会工作者提出，但从项目发展的角度也值得在团队中讲解行业跟机构人才发展的路径，能提升团队士气和工作积极性 •“叙事治疗”偏治疗性，虽然晓宇本人擅长，但社会工作者在本项目中比较少能用得上，故会提供书籍等资源供社会工作者自学。假如未来项目内有某个个案适合应用叙事治疗技术，再放在个人督导中讨论

续表

督导需求类型	初始督导需求的内容	回应督导需求的初步构思
D. 超出督导者目前能力范围的需求	（4）提供一些惠及服务对象的政策资源	• 目前在这方面了解不多，会在督导工作前期多留意和积累 • 会跟社会工作者一起探讨了解这些信息的有效渠道

经过这一轮的思考，晓宇从10个初始需求中选出8项，放在团体督导中逐一回应和解答。“推动社会工作者按时交文书”会放在面向管理者的个人督导中回应。而“叙事治疗”则会推荐资源给感兴趣的社会工作者自学，待日后确实有个案适合应用这一技能时，再就个案具体指导。

（二）把脉社会工作者的知识与技能缺口

我国内地目前社工行业的现状是，大部分一线社会工作者都处在入门阶段，需要的支持是督导者耐心地传授实务知识和训练他们的基础技能，需要高阶实务督导的社会工作者占比并不太大（现实中，需要高阶实务督导支持的社会工作者大部分估计也都晋升到管理甚至督导岗位了）。由此看来，将精力先放在对社会工作者进行必要的入门训练，回应大部分社会工作者的基本需求，同时预留一部分精力用于回应学习动力较高、较资深的社会工作者或者基层主管的督导需求，是一个比较符合实际情况的督导策略。

按照社会工作者的行业年资，可以整理出一些在不同阶段需要协助他们掌握的基本能力。[1]

---

① 莫世民：《新入职社工的十一项操练》，北京·中国社会出版社，2017年版，第65－66页。

表10 督导需求分析

不同年资的社会工作者	需重点发展的能力
新入职的社会工作者	了解基础知识和技能
1—3 年经验的一线社会工作者	巩固基础知识和技能、项目策划
管理岗位的社会工作者	项目规划、外联沟通、团队沟通、危机处理

正如开篇故事中提到的，晓宇在过去两年的督导工作中很有智慧地预留时间作积累和梳理，将曾经为新入职社工讲解的内容整理出几个小专题，例如探访基本技能、社会工作常用理论等，让自己的督导工作更高效、更聚焦。

晓宇将原来第 10 项“推动社会工作者按时交文书”转化为“协助项目管理者提升团队管理效能”。另外，对应项目中 3 名员工是第一次接触社会工作，晓宇建议增加“探访及对话基础技能”“个案基础技能”和“长者服务基础理论”三方面的专题内容。

每个新任督导都有不同的起点，都会为不同内容的服务项目提供督导。只要留意积累和梳理，都会有机会成为某个甚至几个领域的资深督导，慢慢建立自己的品牌。

（三）为各项督导主题排列优先次序

整理了适合在项目督导中安排的内容之后，接下来最重要的一步就是按照重要性和轻重缓急为这些内容编排次序。督导者可以先按照自己对项目和社会工作者的初步了解订立一个次序，然后再征询社工团队的意见，看看是否有需要调整的地方。

整理后，晓宇为新接手的居家养老项目督导团队初步拟定的团体督导主题进行了次序编排。除了每次常规的工作内容以外，晓宇会给社会工作者补充讲授如下一些主题内容，帮助他们更全面地掌握和操练一些必需的基础技能。

表 11　团体督导主题内容计划

主题	团体督导主题内容计划
主题一	服务模式与策略梳理（形式：团体督导工作坊）
主题二	常规探访（形式：服务场景演练） ——对话及建立关系 ——探访后的文书记录
主题三	服务需求动态分析（形式：真实服务案例分析）
主题四	个案基础技能（形式：专题分享、角色扮演）
主题五	长者服务基础理论（团体督导工作坊）

五、从容面对不断变化的督导需求

晓宇在第二次到项目进行督导的当天，先安排全体团体督导。在团体督导开始的时候，晓宇向全体社会工作者讲解督导需求分析和回应的计划，倾听大家的反馈。这一轮的交流中，大家对接下来的督导主题内容安排达成共识。

一向谨慎的社会工作者志良提出，根据他的经验，项目工作推进的过程中，很多时候都会遇到变数，现在定下的计划很可能不能全部贯彻执行。

晓宇首先感谢志良的提醒，然后回应说："确实，在我过去做项目服务和督导工作的时候，不止一次遇到这样的情况。但有变数不代表我们就放弃做计划。我们可以对这份督导计划保持开放态度，能按计划安排当然好，但往后真的需要改动也是可以的。大家的共同目标都是用好我们的督导时间和资源，为服务使用者提供良好的服务。”

督导初期作了第一轮的督导需求分析，并不意味着可以一劳永逸。在督导工作中，会不时收到各方提出的新需求和新建议是正常的。督导者可以持续应用相关度与紧迫度来分析，安排合适的形式和时间来回应这些需求。对被督导者和项目的督导需求保持开放性，适时调整督导的内容和方式。这样，督导者提供的督导服务将是有活力和有效的。

小结

面对项目和社会工作者提出的各种各样的督导需求，督导者不一定需要照单全收、一一满足，根据它们的相关度和紧迫度作出合理的回应是督导者需要掌握的技能。在督导过程中，一边积累梳理常用的督导素材，一边根据督导需求扩充自己的知识与技能，这对于督导者来说也是一个愉快的学习和成长过程。很可能在某一天，你的积累和经验会转化成一篇篇的文章得以发表，变成一段段美好的回忆留在社会工作者心中。

第六章

操练5：督导的“教学”策略

“能督”“善导”及“能教”，才能有效地向被督导者进行“传道授业解惑”，为机构带来价值。

一、有效的督导教学活动看起来简单，实际上不简单

督导者通过语言、文字、身体示范等沟通方法，指导社会工作者用什么方案、做什么、怎样做，而社会工作者能够遵循督导的指导完成任务，这叫作“能督”和“善导”。这是机构对督导者最初期、最基本的期待。

督导者的责任在于协助被督导者发挥能力，完成机构分派的任务。身为督导者，必须为被督导者提供完整训练，包括社工伦理、专业技巧、相关政策、评估工具应用等训练；并要定期进行监督和指导，包括对督导内容进行记录，审核被督导者的工作记录，批阅并指导被督导者改进，加强风险管理，及早察觉问题、制止不合适的工作方案、活动计划等。

因此，督导者必须要操练教学技巧，除“能督”“善导”外，还要“能教”。训练、讲授是复杂且多元化的工作，方法及技巧不胜枚举，包括如何激发学习动机、布置场地、安排座位、评估进度、掌握提问技巧等。若是要对此进行完整的讨论

必会用上相当多的篇幅。但也可以将之大略归纳为若干类必备的教导方法、技术和步骤。本章将介绍两种教学策略："督导金字塔"和"白箱与黑箱"式督导法。

二、社工督导金字塔

笔者在本章引用"学习金字塔"，以说明在督导工作中使用不同教导方法带来的不同学习效果。"学习金字塔"将教学法及其对应的学习效率分为七级（如下图）：

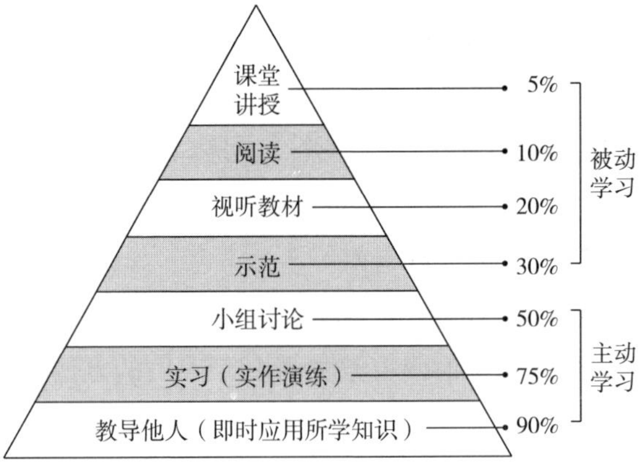

学习金字塔

塔尖的第一级是听讲，即督导者主讲，介绍技巧和方法，社会工作者被动聆听，这一级学习效率是最低的，被督导者只能记住学习内容的5%。从塔尖往下，"阅读"的学习效率为10%，"视听教材"为20%，"示范"为30%，"小组讨论"为50%，"实习"为75%，"教导别人"为90%。也就是说，传统的督导讲授方法只能收到很低的效率，效果不佳；唯有创造情境，让社会工作者实际操作和参与协作，学习效率才会更高。[①]

每种教学方法都有其价值和作用，不宜强分轩轾。笔者所谈的“督导金字塔”可能较为主观。成功的督导者既要是“社会工作者身旁的授业者”（sage on the side），也是“社会工作者旁的指引者”（guide on the side），在督导教学方法的选用上，应该兼容并蓄，按社会工作者的专业成长需要采用。

“课堂讲授法”对督导者而言，是最简单而且有效率的教学方法。讲授法多分为理论式、说教式和由督导者主导式三种形式，它们都是传统的，并且多是单向演讲式的。理论式（theoretical）的意思是从理论方面去介绍、考虑或讨论，讲授的是理想状态下的情况。说教式（didactic）是单向地把知识传授予对方，督导者主导式（teacher - directed）则是督导者主导策划与引导社会工作者每一步的学习。如此，被督导者是被动受教的。

大部分督导者在时间有限的情况下采用的方法是讲授法。但是对被督导者而言，这样的督导效果令人质疑。

> 督导从头到尾只是自己在讲，长时间都在读 powerpoint，但没有太多 power，也没有 points。那督导声音又低沉，偶尔加入一些不痛不痒的小故事以及没有经过设计的问题，真的很闷。[②]

---

① 参考：韩孝述：《教育新语之学习金字塔》，载于《明报》29.12，2019 年第 5 版。

② 参加某位督导者的团督之后，一位社工的反馈。

根据“学习金字塔”，被督导者如果有机会教导别人他正在学习的知识及技巧，那么他对这项学习效率可以高达90%。但现实中，督导工作受到时间限制时，这个方法是督导者们无法兼顾的（即安排被督导者在督导过程中去分享和教导别人）。如果被督导者有机会把督导内容马上应用，或是让社会工作者有机会跟朋辈分享，这样的学习效果最好。当被督导者以老师的身份对其他人进行教学，他不仅要对内容相当熟悉，还要能通过语言来进行沟通。社会工作者进行分享时，需要将内容转化为让其他人能听得懂的表达方式，这样做也提升了社会工作者的潜能。

教学方法不同，学习效果也会大不一样，因此，督导者要学会调整甚至改变督导的方式，让被督导者自己去转变学习方法，由“被动听”转到“主动学”，多种器官综合使用，需要耳、眼、脑、口、手并用。在督导过程中，要大力提倡小组合作式学习，小组成员间要相互讨论，如在机构组织朋辈学习会，开展社会工作者辅导朋辈等活动，通过这样的方式，让被督导者们能在参与中掌握知识，生成能力，从而真正实现从知识到能力的转化，更使被督导者们真正对督导传授的知识记得多，记得准，记得牢。这个理论并不复杂，有兴趣改善教学的督导者，不妨在督导过程中试一试。当然，更好的办法，就是进一步研究并更好掌握“学习金字塔理论”，自觉地改变陈旧的教学方法，充分尊重被督导者在学习活动中的主体地位，引导被督导者自觉地参加合作式学习，从而提升学习兴趣，提高督导培训及学习的效果。

三、教学策略："黑箱"VS"白箱"

（一）社会工作教学不能只重知识而轻技术

笔者欣赏国内督导者大多社会工作理论基础丰富、扎实，但怎样将理论联系实际付诸实践却比较粗疏和欠缺，让人觉得部分社会工作者对社会工作理论实践"只知其然而不知其所以然"。

案例1　笔者在评估一家社会工作服务站时，曾阅读到以下个案文书：

服务对象："我们拍拖已经5年了，他不说一句话便跑了，你说我以后日子怎样过？他为什么那么狠心，就把我抛下……"

社会工作者："我明白。"

这份个案文书显示，社会工作者对同理心的意涵未能充分掌握，只是一知半解，还不知道怎样使用表达同理心的技巧、公式、词汇等。社会工作者说"我明白"，只是假装明白，实际上并不明白，更没有回应当事人感到重要的事。其实，在表达同理心时，是要避免使用"明白"这两个字的。在辅导时，我们要听取服务对象表达背后多向度的信息，包括：整个经历是怎样的（experience）、经历中服务对象的感受（feeling）、经历中服务对象有什么挣扎和想法（thinking）、服务对象曾采取过什么行动去试图解决问题（doing）、服务对象有什么渴望（wishing）等，社会工作者说"明白"，是“明白”当中的什么呢?

案例2　在一小组文书记录中，社会工作者记录的情况如下：

小组第一节活动开始时，70多岁的陈婆婆自我介绍说：“我没有读书，没有文化，人生很糟糕，从来没做过什么工作，只是自己一人养大4个子女，现在子女都各自成家，只有我自己一个人住。”

陈婆婆话语中满是自卑，社会工作者安慰回应说：“陈婆婆，您不需要介意，好多和您年纪相若的女性都和您一样，您来参加这个学习小组，很快就会懂很多了。”

细想一下，社会工作者的“安慰”背后的深层含义就是同意了陈婆婆对自己的负面评价。结果是，社会工作者好心做坏事，不但没为组员充权，反而带来贬低（Degrading）自己的效果。

笔者相信上述对理论“只知其然而不知其所以然”情况不是个别社会工作者存在的问题，而是一个普遍现象，值得新手督导者去留意及改善。

（二）“黑箱式”教学和“白箱式”教学

在控制论中，人们通常把所不知的区域或系统称为“黑箱”，而把全知的系统和区域称为“白箱”，介于“黑箱”和“白箱”之间或部分可察“黑箱”称为“灰箱”。有人拿电视机作比喻来说明“黑箱”“白箱”和“灰箱”。“黑箱”就是结构机制完全不明了，仅仅知道输入输出信息之间某些简单关系的系统，如电视机对一个根本不懂电器的用户来说，他只知道打开钮就亮、闭掉钮就灭一样；“白箱”就是机制和结构完全明了的系统，如同电视机对电视发明制造者来说就是“白箱”；“灰箱”就是相当部分的结构机制已经明了，但并没有完全明了的系统，如电视机对一个并不高明的修理者来说就是“灰箱”。

在此借用“黑箱”和“白箱”这两个概念来论述专业社会工作督导者的两种不同的教学策略：“黑箱式”教学和“白箱式”教学。

所谓“黑箱式”教学就是督导者在教导社会工作者之前只知道某理论的大概内容和应用方法，但对于该理论的细节、过程及原理是不清楚的。

比如敲一下键盘，计算机屏幕上就会显示对应的文字符号，在这期间，计算机内部可能会有很多的程序在进行，但是对于一个使用者而言，这些内部程序运作的事情没必要去关心，也没有必要去钻研细节及其过程，只要跟老师学会敲打键盘就可以了。这就是我们说的“黑箱式”学习。

又比如教导长者使用智能手机时，“黑箱式”教学导师只需要自己懂得操作及教导长者怎样操作即可，导师不一定需要知道这一项功能在手机内是怎么样实现的，背后原理是什么。

而“白箱式”教学则相反，督导者不仅懂得应用该理论，还很清楚知道该理论的每一个细节、过程和原理，然后再教导社会工作者。比如，在教导使用智能手机时导师除了要懂得使用外，还需懂得教授芯片设计、手机的功能、原理、程序、线路、逻辑和流程等。这些知识对学员来说是可见的、清晰的，如同白天一般，这就是“白箱式”教导，是深入的、专业的。

现在是一个知识爆炸的年代，每个领域都在蓬勃发展，学习的速度必须大于改变的速度，不然就会被淘汰。所以对很多学习者而言，如果事事都追求"白箱式"侧重质量的学习，根本上是不可能的。但对于一个助人专业学习者来说，在他工作的专业领域内，又或者在带领下属、同伴、志愿者、服务对象等的时候，他所了解的知识当然是越"白箱式"越好。督导教学必须是"白箱式"的，越"白"越好，越"白"越可提高前线社会工作者的认知，提升服务质量。但督导者必须有足够知识储备才可使用"白箱式"教学。可是，假如督导者不是社会工作专业毕业或从来没有实务经验，他们教的大多只能是概念和理论，而不是当中的微观技巧，也不太着重如何实践及应用，就只能以"黑箱式"教学方式去督导社会工作者了。结果就是被督导的社会工作者只能叙述刚刚所学到的理论，用自己的语言去转述和总结，但多只是强记而不明白实际怎样去运用，不能把学到的运用在辅导服务中，提升辅导质素及成效，做一个高效、有价值的社会工作者。他们更不能把不同地方学到的事物和经历，串联及创建新的知识和见解。

（三）如何应用"白箱式"督导

一般而言，我们对"黑箱式"教学的视角，多是自上向下的，即先教导研究的结果及其形成的理论，但未必能站在上面去解构下面或内部更大的世界。对于"白箱式"督导则是自下向上的，先从事物发展开端起步，不直接告诉社会工作者答案，只鼓励他们一步一步地去研习、推断、探究，直至最后形成适合自己和服务对象的辅导理论。我们需要从头开始逐步构建出事物当中的原理、规律、流程及逻辑，因而需要付出更多时间及努力。

英美的大学社会工作学系多采用“白箱式”教学，着重理论，更着重实践。除了在课堂上讲授社会工作相关理论外，还设立技巧实验室（skills laboratory），里面设有模拟接见室、小组室，供社会工作专业学生在实验室内进行面谈训练或学习小组带领技巧等；实验室内更放置了单面镜以及收音和录像设备，让指导老师和其他同学在隔壁的房间内，可实时同步观察和分享。在技巧实验室内，导师会使用“白箱式”教学方式，教导社会工作专业学生个案辅导面谈、小组带领等技巧，并进行深入、透明及重复操练，也通过角色扮演、制作视频、互相观摩等让社会工作专业学生掌握当中的技巧应用。导师同时通过单向的镜面进行实地观察，并作出实时纠正及回馈，使社会工作专业学生有清晰、充足、正统及踏实的训练，逐步地去解构、研习、推断、探究，重复操练，直至将理论与实践内化，有信心、得心应手地用于实务工作当中。这跟国内大学看重书本理论的“黑箱式”教授方法不同。

还记得在参观某技巧实验室时，师生正在利用角色扮演去操练怎样在辅导时应用准确同理心（Accurate Empathy）。导师很详尽地解释同理心的核心内涵、表达的公式①、技巧等，导师更深入地教授表达同理心应采用的词汇、语速、语调、音量

---

① 准确同理心公式是：你觉得（一个感受），因为（一个事件），对吗？

例如：一位失恋的女子向你倾诉：“我们拍拖已经五年了，他不说一句话便跑掉，你说我以后日子怎样过呢？他为什么那么狠心，就把我抛下……”

社会工作者：“你觉得（很难受），因为（五年的感情，一下便告终，他连一句话都没说便走了），是不是？”

服务对象：“是呀！”

这就证明社会工作者说对了服务对象的感受，能站在对方立场说话，让对方知道你真的“明白”她了。

及肢体语言等，同时也教导学生怎样去确认得到服务对象的共鸣，让对方知道你真的明白他的心境、感受等。在整个教学过程中，导师的作用是“白箱式”的点拨释疑，引导学生利用辅导相关的概念和术语表述所见所思，导师并不时作出评估，通常是由导师提问或由学生展示所学。

上述富有挑战性的教学过程就是一个“白箱式”的过程。由于对督导者的要求甚高，督导者需要看清“白箱”里的所有概念、逻辑及技巧。督导者需要经常更新知识以及报读一些专业课程，花时间从最基本的知识学起，自底朝上地将所有问题弄明白。正因有了这些深度及广度的学习和投入，督导者才可协助被督导的社会工作者获得全面的体验和认知，这个过程给被督导社会工作者留下的是系统的、扎实的、整体性的、牢固的、累积性的社会工作专业知识。

对于被督导的社会工作者而言，采用“白箱式”学习，弄清原理，摸透规律等，肯定是好的，这会带来工作上一些改变，将自己打造成一个有价值的员工。

小结

督导者在决定要采用何种教学方法时，要谨记方法和技巧只是达成目标的工具，绝非其目的或终点。督导者所选择的方法应该以最能帮助社会工作者了解特定工作方法之内容、教义为原则，并能启发被督导者，促进他们有信心地应用。督导者在培育社会工作者的技巧上，应该多操练基本的教学方法，这将会对督导教学有事半功倍的效果。

第七章

操练6：善用激励助力督导成效

用对激励的方法，能让被督导者信心倍增；相反，则会破坏督导者与被督导者的关系，事倍功半。

激励是我们最常用的一种提升社会工作者工作动力和绩效的方法。如何更好地运用和发挥好激励的作用呢？这是一名新任督导者需要修炼的又一项技能。善用激励必能助力提高督导成效。

一、激励的力量

大家有听过“罗森塔尔效应”吗？这是一个非常著名的教育实验。美国心理学家罗森塔尔到一所小学进行“未来发展趋势测验”，随后把“最有发展前途”名单交给校长和老师，最终发现，这份名单上的学生均有明显的进步，而这份名单上的学生是罗森塔尔随机挑选的，并未经过任何测试。

“罗森塔尔效应”也是一种期待效应，他人的期待也是一种激励。因为被期待的人往往会接受他人的暗示，并为之不断努力，以期达到他人的期待。这项心理学实验的成果可以迁移到我们的督导工作中。被督导者在获得激励后，一般会有以下转变：

- 更有自信心；
- 更容易发掘自己的长处和优势；
- 更有动力投入工作；
- 更乐意接受挑战；
- 更愿意留在本机构工作；
- 更清晰个人发展方向；
- 更理解机构/督导者的期望。

这正是激励的力量。因为有了激励，被督导者更乐意表现得更好，服务质量和绩效也必然随之提升。督导者使用激励的力量，就是要让被督导者具有能力发掘自己的优势，并将其优势发挥在服务工作中，从而提升服务质量。

相信被栽培的花都是璀璨优质的

二、管理者与督导者激励方式的差异

激励是人力资源管理的重要方法。激励一般包括“非物质激励（精神激励）”和“物质激励”两种方法，管理者多会两者并用，督导者因为不具有行政权，所以较少使用物质激励，多以精神激励为主。

管理者与督导者在运用激励方法上的差异可通过下表呈现。

表 12　管理者与督导者激励方法比较

角色	管理者	督导者
常用方法	物质激励与精神激励并用	精神激励为主
常用方式	绩效奖金、职位晋升、学习培训机会	表扬肯定、展示机会、尊重关怀
环境氛围	正式、严谨	非正式、轻松
核心目的	提高工作效益	激发成长动力

三、督导者常用激励方式

在督导工作中，新任督导者可以发挥激励功效，以进一步协助社会工作者超越再超越。现在为大家介绍 7 个可供新任督导者参考使用的激励方式。

（一）公开表扬肯定

这是一种较为普遍的激励方式。督导者利用集体会议、集体培训学习等机会，公开表扬某位社会工作者的表现，从而引导其他社会工作者向他学习，这能大大提升被肯定社会工作者的自信心和团队影响力。在公开表扬的时候，我们需要注意做到有依有据、实事求是，不宜过度夸大；在同一个社会工作者身上的使用频率也需留意，不要过于频繁，不然就适得其反。

（二）亲手书写激励卡片

有时候文字比口头语言更具有温度，因为书写文字通常是经过深思熟虑的，遣词用句均较考究，表达更加周全。且是督导者亲手书写，有具体的赞赏内容，更能让被督导者深刻感受到督导者的用心。此外，卡片可以被永久保存，社会工作者可以不时拿出来重温，起到不断激励的作用。激励卡片的使用可以选择在社会工作者遇到重大挑战、深陷困境时，或者值得纪念的日子等。对于一些不善于表达的社会工作者，督导者亲手书写卡片的激励方式更为合适。

（三）在文书上给予肯定性意见

文书审阅是督导者的一项重要工作，笔者见过有督导者采用蓝色水笔+红色水笔批阅社会工作者的文书，其中，蓝色水笔写意见建议，红色水笔写做得好的方面。这名督导者希望运用“红色”让被督导者更快捷和突出地看到表扬。另一名督导者则运用可爱的贴纸，每次查阅社会工作者的文书，都会把各种不同含义的贴纸贴在文书意见栏上，有大拇指、有笑脸、有“good”或“赞”等字样，这样，社会工作者在收到文书反馈的一刻，会感到非常惊喜。

（四）激励性的肢体语言

对社会工作者的激励，不一定要说或者写出来，还可以做出来。面对着社会工作者，或竖起大拇指，或轻轻拍他肩膀，或给予鼓励性的点头微笑，均是比较好的激励性肢体语言。通过这些肢体语言能向被督导者传达“我相信你可以做到”“你做得很好”等信息。督导者在督导过程中也可多使用这样的肢体语言，让被督导者感受被肯定、被鼓励。

（五）给予展示优势的机会

督导者在督导过程中，要善于发掘被督导者的优势、长处、成功经验等，并创造机会，让其得以向外界展示，这也是一种很有效的激励方式。比如，在集体督导安排上，设立朋辈分享环节，鼓励社会工作者分享自己的实务工作经验，除了营建互助成长氛围，还能展示社会工作者个人的专业优势，使他获得来自团队的肯定。

另外，亦有督导者会鼓励社会工作者到其他项目点进行分享交流，还会鼓励社会工作者把经验写成案例文章，汇编成册，或推荐参与行业评选，或投稿到权威刊物。上述方式能让被督导者进一步认识自我专业能力，逐渐发掘自己的优势和专长。

（六）尊重关心也是一种激励

每个人都有被尊重的需要。在督导过程中，督导者往往被定位为“导师”“专业权威”，容易忽视对被督导者工作服务情况的有效倾听，一不小心就变成一味地灌输、教育、提问，让被督导者倍感压力，导致出现被督导者逃避或拒绝被督导的现象。督导者在每次督导开始之初，利用5—10分钟关心被督导者近期的工作、学习、生活等情况，营建一个轻松、开放的督导氛围，让被督导者感到舒服自然些。在督导的过程中，督导者给予被督导者充分表达的机会，不随意插话或打断他的发言，更不要把督导现场变成“考场”。尊重关心更体现在日常细节上，重要节日要互相问候、关心；在被督导者生日当天送上贺卡或祝福短信；对于有小孩的被督导者，督导可以关心被督导者的孩子，送上小礼物等。这里需要注意，为避免产生讨好、收买等误解，督导者要慎用此方法，小心弄巧成拙。

（七）信任社会工作者的自主决定

有人说，信任就是最大的激励。信任被督导者的自主决定，是对被督导者专业能力的认可。目前，被督导者会把自己的服务计划、服务文书发给督导者查阅并听取督导者意见，然后根据督导者的意见进行修订。笔者曾与多名被督导者交流，发现大部分被督导者都希望督导者给予自己 3 条以内的修改意见，因为如果看到督导者反馈的修改意见很多，就会自认为被判“不合格”。此外，对于新入职的社会工作者而言，督导者的现场督导让新入职的社会工作者感到安全，更能发挥积极作用；但对非新入职的社会工作者而言，督导者的现场督导则会给他增加压力，甚至会被理解为是“不信任”。因此，督导者要给被督导者传递自己的信任，让被督导者更有信心独立开展服务工作，这也是很重要的激励方式。

四、激励前的准备功课

所谓“一样米养百样人”，不同人有不同的性格特征，有的人性格外向张扬，喜欢被当众表扬；有人则内敛谨慎，不愿“出风头”。针对不同的被督导者，督导者要发挥激励的最大效用，还需要在前期做好准备功课，那就是充分地了解和细心观察被督导者。

（一）充分地了解

督导者要充分认识和了解被督导者的性格特征、兴趣爱好、优势、劣势，还需要了解被督导者的成长经历、家庭情况、职业发展规划等。笔者认识一位督导者，他特别擅长给社会工作者“画饼”（即期望激励），他抓准一个社会工作者“好强”的性格特征，以考取各级社会工作师资格证后社会工作者的岗位及薪酬增长为激励点，与其共同规划未来3年的学习成长计划，激励这位社会工作者发挥“好强好学”的优势，最终这位社会工作者在很短时间内成为机构专业骨干。

（二）细心地观察

除了前期的背景了解，督导者还需要通过细心的观察，进一步掌握被督导者的需求。观察的角度是多面的，包括对机构规章制度的执行、对服务工作的投入、对专业成长的追求、待人接物的方式等。观察的方式除了日常交流、现场督导，还可以是团队活动、文书批阅等。

只有经过充分了解和细心观察，才可能做到“投其所好”，用对激励的方式方法。

五、激励语的使用原则

我们会使用很多的激励语言鼓励、肯定我们的被督导者，但如果激励用语不当，则会适得其反。

斯维尼（Sweeney）（1989，pp. 109－110）[①] 归纳了几个激励的原则，可以让新任督导者在使用激励上得心应手。

（一）把重点放在“做了什么”而不是“怎么做”，也不要用比较的方式来凸显被督导者的优点

供参考的说法：“我认为你愿意这么真诚地、毫无保留地说出你的经历和感受，真的需要很大的勇气！”

不建议使用的说法：“哇，你比一般人要勇敢啊！”

（二）着重“当下”而非“过去”或“未来”

供参考的说法：“我感觉你真的找到了自己想要努力的方向。”

不建议使用的说法：“你以前怎么没有想到呢？”

（三）“行为”比“人”更重要

供参考的说法：“你愿意每天做一点点，虽然不能马上看到进步的结果，但是至少不是停留在原地！”

不建议使用的说法：“你真是一个善于追求进步的人！”

（四）强调“努力”而不是“结果”

供参考的说法：“看你为了服务对象的福祉这么卖力，我真的好感动！”

不建议使用的说法：“好棒！这次你获得了服务对象的

---

① 邱珍琬：《谘商技术与实务》，台北·五南图书，2012年版，第272－273页。

表扬。”

（五）着重“内在动机”，也就是可以看到行动背后的善意

供参考的说法：“你是想要多尽自己作为专业社会工作者的一份责任。”

不建议使用的说法：“你这是帮忙还是帮倒忙？”

（六）“学到什么”比“没学到什么”更重要

供参考的说法：“即使这次服务没有成功，你还可以从这次经验中看到团队合作，真是很棒的学习！”

不建议使用的说法：“真是赔了夫人又折兵，划不来。”

（七）“做对的”比“做错的”更要紧

供参考的说法：“你愿意重新尝试，这一点很值得钦佩。”

不建议使用的说法：“同样的错误，没让你学到什么吗？”

六、激励常用语[①]

我们在激励社会工作者时要很谨慎，避免用我们的价值判断去看他们的服务工作，要把握好“助人自助”的原则，让被督导者看到、相信自己是有能力的。新任督导者面对被督导者时，也仿佛是新手父母面对自己的孩子一样，需要适应、学

---

① 钟思嘉：《如何做个有效能的父母》培训手册之《亲职教育阅读手册》，第47－48页，未出版。

习和成长。笔者参考亲职教育，列举了督导激励常用语，希望能给新任督导者们一些启发。

（一）表示接纳的语句

“没关系，慢慢来！”

“你似乎已经非常尽力了！”

“我很高兴看到面对服务对象时，你快乐的样子。”

“我觉得你很喜欢开展小组活动。”

“看起来你对我这次督导方式不太满意，请告诉我你的想法，好吗？”

“我虽然不赞成你那样做，但我相信你有你的理由，你愿意与我分享吗？”

（二）帮助被督导者评价自己的表现

“你对这次你统筹负责的社区活动成效，觉得如何？”

“你觉得最近你的探访技巧有何进步？”

“你对自己目前的表现满意吗？”

“看样子你似乎不太满意这次服务，你觉得不满意的地方在哪里？”

“你这次活动得到很高的评价，你自己觉得如何呢？”

“如果要你给自己这次小组活动打分，你会给几分？为什么？”

（三）表示信心的语句

“我知道你可以把事情处理得很好！”

“你已经有不少进步了！”

"这也许很难，但我了解你的能力，我相信你能做得很好。"

"我对你的判断和决定有信心。"

"我对你的能力有信心。"

"我知道你一定会想出方法。"

"我相信这次你已经尽力了。"

（四）注重努力和进步的语句

"你的沟通能力进步很多。"

"我能了解到你付出的努力。"

"我看到你这次活动，参与的人员比上次增加不少。"

"这次也许出席率没有进步许多，但我知道你已经尽了力。"

（五）强调长处、贡献的语句

"你的努力让整个团队更加凝聚！"

"太谢谢了，你分担了许多工作压力。"

"看得出你做个案很有潜力。"

"我很欣赏你的面谈技巧，能迅速拉近与服务对象的距离。"

"你这次社区活动形式很有创意。"

以上的这些激励常用语，就像是具有魔法的语言。新任社工督导者可以举一反三地练习和使用，假以时日必能使被督导者的专业自信日渐增强，他们的表现也会日趋进步。

新任督导者面对被督导者时，也仿佛是新手父母面对自己的孩子一样

七、自我激励

被肯定、被激励是人的基本需求之一，这在广为人知的马斯洛需求层次理论中有阐述。一个不懂得自我激励的督导者，估计也难以做到激励他人。就如一个没有专业自信的督导者，又如何能通过督导培养出一个具有专业自信的社会工作者呢？道理很简单，就是你无法给予他人你所没有的东西。因此，激励自己和激励他人同样重要，新任督导者也要学会自我激励。

自我激励需要具备两个条件，一个是信心；一个是实践。首先要有信心，相信自己能改变，能做到，树立信心；同时，要把这份信心付诸行动，身体力行，向被督导者传递。

成为一名优秀的社会工作督导者，并不是为了获得外界的赞誉，也不可能每一次都万无一失，因为我们面对的被督导者是一个独立的个体，所以我们督导的结果可能是成功的，也可能会让人沮丧或失望，但我们要相信自己，只要我们抱有真诚的心，抱有对服务对象和被督导者负责任的态度，持之以恒地激励自己，相信自己，被督导者也会感受到督导者的用心和支持，并愿意为之努力，从而不断成长为更优秀的自己。

小结

激励没有最好，只有最合适。督导者要根据被督导者的情况选择合适的激励方法。邀请你从现在开始，帮助被督导者减少说“我不能”和“我先想一想”，激励被督导者多说“我愿意试试”“我可以做到”“我开始做了”……激发被督导者自我成长的内在动力，这是激励最主要的目标。

加油，我相信大家能做到的！

第八章

操练 7：做个高 EQ 的权威型督导者

为社会工作者提供情绪支持，督导者既需要有聆听的耳朵，也需要有明辨的心。富有专业使命感的资深社会工作者加上高 EQ，才能成为真正意义上的权威型督导者。

在过去很长一段时间里，“权威”一词掷地有声，是让大众信服甚或崇拜的对象。后来随着倡导“质疑一切”的后现代主义思潮的出现和发展，人们对权威人物的迷信程度开始降低。尽管如此，在现实生活里，人性当中似乎还是存在着寻找和模仿典范人物（role model）的倾向。不少全球知名的成功企业家、优秀运动员、大慈善家等，都依然是大众关注和学习的榜样。

内地社会工作行业的督导者正处在从我国港台地区外聘督导者交棒给本土资深社会工作者的阶段，一个很直观的场景是：以往以二三十年资历的社会工作者为主的督导队伍，渐渐换成了 30 岁出头的少壮派、本土资深社会工作者。不少人看病求医都有找老专家的心态，新任督导者有可能抛开青春面孔的羁绊，打造自己在社会工作者中的权威形象吗？答案当然是：可以！

一、督导权威的三个方面

督导权威形象有三个来源：角色权威、专业权威和个人权威[①]，集三者于一身，才是真正意义上的权威型督导者。这三个权威的关系我们用一个倒三角来呈现。

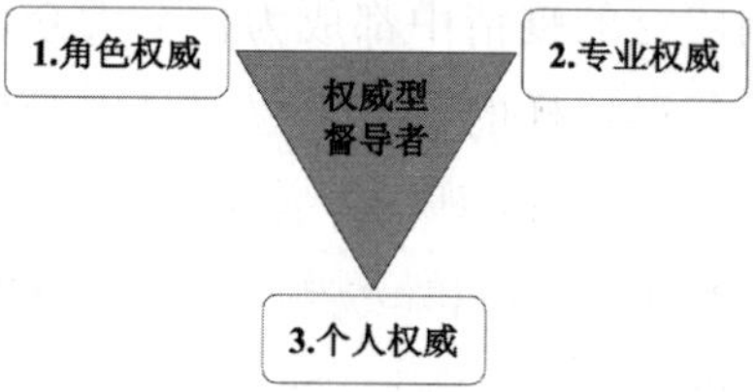

督导权威

首先是来自机构任命所赋予的角色权威，这是最基本的，是必要条件，放在三角形的左上角。得到机构任命承担督导工作，是进入督导者行列的“入门券”，但能否成为“真权威”，还要依靠另外两个因素。

专业权威放在三角形的右上角。它跟角色权威处在同一条水平线上，因为这两个方面常常是被督导者最先接收和接触到的信息。督导者的简介上都会列明相关专业背景和资历等，而且专业知识的广度和深度、实践经验的提炼和积累，很多时候一聊便知。当然，督导工作中的专业知识和经验多寡是相对的。大部分年资较长的社会工作者都能胜任解答一般常见的社会工作专业疑问。

---

① Hughes, L. & Pengelly, P. (1997), *Staff Supervision in a Turbulent World*. London: Jessica Kingsley Publishers.

倒三角的下方是源自督导个人特质而形成的权威形象，它往往隐藏在角色和专业能力的背后，却是成为权威型督导者最核心的支撑因素。督导者的个性、对社工行业的使命感、处理复杂问题的能力和成熟度等，形成了每个督导者特有的个人权威形象。

周恩来总理是一位广受尊敬和爱戴的国家领导人；钟南山院士在多次影响广泛的疫情中都成为社会大众信服的权威专家。他们之所以获得这样的美名不仅仅是因为他们或身居高位、或学识渊博，更是因为他们待人处事的风度和气魄，在处理重大事件时候的处变不惊和运筹帷幄。用现在流行的心理学概念来说，他们可以被称为高EQ的权威型人物。

二、情绪管理能力——成为权威型督导者的主要能力

情绪智商（Emotional Quotient），简称情商EQ，包括自我EQ、人际EQ、适应能力、压力管理能力、一般情绪状态等，在此统称为一个人的情绪管理能力。

做好情绪管理的重要前提是明白情感和情绪的存在是人类与生俱来的能力。喜、怒、哀、乐、忧、恐、惊，正面的情绪当然受人欢迎，它们让人类体验欢乐开怀、温情互动，负面的情绪也是良伴，它们让我们避开危险、克服危机、抵抗冒犯。一厢情愿地无视甚至否认负面情绪传递出来的宝贵信号，是低EQ的表现。

本书操练1里用了一张“整合而平衡的督导工作（见P024）”的图，来呈现在督导室中所发生的对话跟社会工作者在督导室以外的工作是密切相关的。在这里我们聚焦探讨督导工作中关于情绪的部分，绘制下图，以便读者了解督导工作的内容。

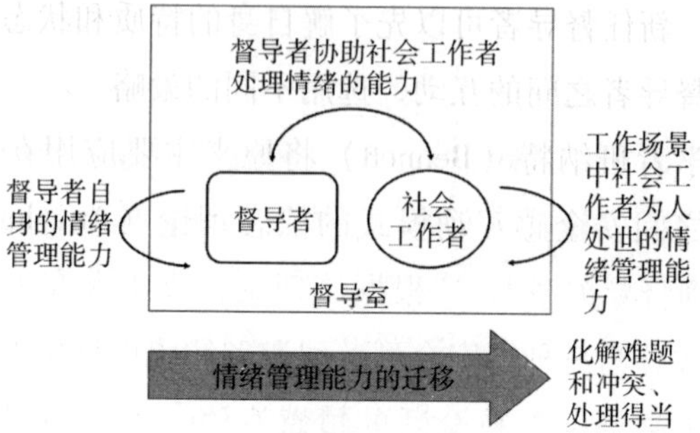

情绪管理能力

在这里我们有三个假设：

第一，情绪管理能力强的资深督导者，在督导过程中可能可以更有效地帮助社会工作者提升他们在工作中的 EQ，所以我们鼓励督导者掌握较好的情绪管理能力。

第二，不是所有带有负面情绪的事项都只能用对焦处理的方法来处理。

第三，当社会工作者在督导过程中亲身体验和学习过如何分辨工作中不同情绪的来源，并且使用合适的方法处理好这些情绪，他们就能把这些情绪管理的能力迁移到他们的日常工作中（如上图中灰色箭头所示）。

三、高 EQ 的督导者——营造富有安全感的督导氛围

督导工作在社会工作专业中被视为是社会工作者得到指导、支持乃至安慰的地方，社会工作者会跟督导者交流很多不同层面的事务、观点和感受，所以营造一个安全的氛围很重要，能让社会工作者跟督导者之间有足够的空间去探索如何开展和提升服务。当督导过程出现不顺畅，双方的不安全感都可

能被触发。新任督导者可以先了解自身的特质和状态，再根据和不同被督导者之间的互动，选用不同的策略。

美国学者班纳特（Bennett）将原来主要应用在幼儿和主要照顾者之间安全感互动模式的依恋理论（Attachment Theory）引进到督导关系上。[①] 根据该理论，成年人在人际互动中的依恋模式分为三种：安全型、回避型和焦虑反抗型。安全型的人跟他人之间能保持合适的情感交流，不害怕建立亲密关系。回避型的人会发现自己比较难以完全相信或者依靠他人，比较深度的情感交流会让他们感觉不舒服，常常给人一种距离感。而焦虑反抗型的人，一方面希望跟人建立亲密的关系；另一方面又常常患得患失，既有被抛弃的担心，又有靠得太近的不舒服感。

从比例上看来，督导者本人跟被督导者有超过一半的机会跟他人保持合适的亲密度，建立安全型互动关系，在督导中坦诚地分享自己的想法和感受。回避型的督导者对比较深入的情感交流可能会感觉不舒服，所以倾向于少谈感受只谈事务，对于社会工作者情感上的需求可能会处理得不到位，也比较容易成为只有角色和专业权威的讲师型督导者。回避型的社会工作者也会倾向于跟督导者多做事务性交流，不轻易流露自己的感受，担心不被理解或者受到责备。

焦虑反抗型的督导者可能会很希望在督导关系中得到社会工作者的认同和欣赏，对社会工作者的不足和错误避而不谈，担心引起社会工作者的不满，从而失去社会工作者对自己的喜

---

① Bennett, C. (2008). Attachment - informed Supervision for Social Work Field Education. Clinical Social Work Journal, 36 (1), 97 - 107.

爱，有时也可能会有过度卷入社会工作者的需求和情绪的风险。督导者由于过于关注社会工作者的感受而没能履行指导和纠正社会工作者不当行为或者态度的职责，这样可能容易赢得某些社会工作者一时的喜爱，但很可能会无法建立让大家都尊重的个人权威。焦虑反抗型的社会工作者会更容易倾向于积极表现讨好督导者或者把非工作相关的个人需求带到督导关系中。两个焦虑反抗型的人在督导中相遇，可能出现前期很要好的关系，深入了解或者过度亲密之后，则会出现反抗情绪或者不安全感，产生不同程度的逃避或者争吵。

当督导者不指导和纠正社会工作者的不当行为或者态度，可能会赢得某些社会工作者一时的喜爱，但同时很可能会在团队里失去个人权威，影响整体服务

新任督导者假如发现自己或者被督导者有非安全型依恋关系的倾向，不需要过度自责或者勉强，督导工作本身就是一个学习和不断提升的过程，提前知晓并着手改善，比起浑然不知

要好得多。可是也不能故步自封，听之任之，将社会工作者和服务使用者的利益置之不顾。督导者在了解自己的不足之后，先坦诚接受自己的状态，积极处理，这本身就是高EQ的表现。督导者能坦然面对自己的不足，对被督导者也能有更多的理解和接纳，有助于建立良好的督导关系。

参照EQ的定义，结合现实中的督导工作，我们提议督导者可以从以下几个方面去检视自己在工作中展现出来的自我情绪管理能力：

- 大部分时候情绪状态稳定，心情愉悦或者心态平和。
- 对人和事较多以积极和乐观的态度看待，富有正能量。
- 能察觉自己的情绪，适度地表露自己的情感。
- 明白和接纳社会工作者的各种情感和情绪，给予真诚的回应。
- 对社会工作者的进步和良好表现表达赞赏和欣赏。
- 能坦诚指出社会工作者的不当行为和不足之处。
- 愿意听取建设性的意见和批评。
- 对负面反馈较少用防御态度来应对。

读者可以对以上几项做一个自评，看看每一项内容自己是处在"保持现有水平""还有提升空间"还是"需要开始操练"的哪一个状态。情绪管理是一个长久的操练，世界上天生高EQ的人不多，现阶段有不少方面需要提升的新任督导不必气馁。阅读相关书刊、主动请教你身边广泛受人尊敬的同行和前辈、邀请可信任的亲友同事协助你提升，都是可取的办法。

四、了解情绪，善用情绪

高 EQ 的督导者懂得将各种情绪看作具有价值的信号，进而跟社会工作者一起探索这些信号背后传递出来的想法、信念、需要和待处理的心结。当我们细心回想，会发现不少人习惯用“情绪”一词来指代“负面情绪”，所以见到一个人不开心或者有烦恼的时候会描述为“他有情绪”或者“他的情绪来了”。部分督导者也有类似的思维定式，提到被督导者的情绪都会联想到负面情绪，而没有全面地理解情绪分成正面情绪和负面情绪两类。只关注、处理负面情绪，是一种偏被动的策略，懂得调动和发挥正面情绪的功能是更胜一筹的高 EQ 策略。

当然，现实中我们大部分的工作都是在处理“问题”，所以不免对负面情绪特别关注，对负面情绪的警觉性和防备心自然也比较高。让我们先分析清楚社会工作者日常工作中压力和情绪的来源，再对症下药。在督导过程中，面对社会工作者因为不同原则造成的情绪的时候，不想只用传统个案思维“疏导情绪”这一个招式，就要拓宽思路，多掌握不同的方法。

研究显示，社会工作者日常工作的压力大约来自 5 个方面：专业知识和技能、工作任务和进度、人际关系、机构制度和服务对象。[①] 本书第二章提到的 4 个督导功能刚好能涵盖这些日常工作的常见压力。这 5 个压力来源中，只有最后一项属于督导工作中真正意义上的情绪支持范畴。而且前面 4 项是任

---

① Kadushin, A. & Harkness, D. (2002). *Supervision in social work* (4th *ed.*). pp 227 – 240. New York: Columbia University Press.

何行业的员工都会遇到的情况，这些方面所引起的工作压力和负面情绪，大部分能用处理常规工作问题的方法来疏解。

高 EQ 的督导者会懂得在社会工作者提出各类话题的时候，先表达同理心，营造良好的氛围，然后再思路清晰地对症下药。

表 13　高 EQ 督导者协助社工化解压力的要点

<table>
<tr><th>社会工作者日常工作压力来源</th><th>对应提供的督导功能</th><th>必用技能</th><th>督导要点</th></tr>
<tr><td>1. 专业知识和技能</td><td>教育性的专业提升</td><td rowspan="5">同理心</td><td>－提升社会工作者的专业能力</td></tr>
<tr><td>2. 工作任务和进度</td><td>配合管理和行政工作</td><td>－提升社会工作者的专业能力
－优化社会工作者的工作方法</td></tr>
<tr><td>3. 工作人际关系</td><td rowspan="2">工作关系调解</td><td>－提升社会工作者的 EQ（人际关系处理能力）、工作方法、综合职业素养等</td></tr>
<tr><td>4. 机构制度和变动</td><td>－提升社会工作者的 EQ（提出建设性意见的能力）
－推动机构制度优化</td></tr>
<tr><td>5. 服务对象</td><td>工作情绪支持</td><td>－提升社会工作者的 EQ
－探索社会工作者内在的心结，协助找到合适的处理方法</td></tr>
</table>

五、“忽略负面情绪”的情绪支持

毕业约一年半的小何，入职恩泉社会服务中心的社区康复服务项目约 3 个星期。对比之前从事的行业，小何很喜欢从事社会工作服务带来的满足感，但在探访中不时遇到一些态度不那么友好或者不太配合的服务对象和家庭，让她感到难过和沮丧。小何的主要工作是外出到服务使用者的家中探访他们，日常工作由直属上司王主任指导。他们的社区康复服务每月有一次外部督导支持。

今天是小何第一次跟外部督导晓君见面。上午先是团体督导，项目的3个社会工作者小何、大陈、阿辉以及王主任都一起参加。晓君在团体督导开头用大约40分钟，安排了两个环节帮助全体项目成员形成团体督导的合作关系。其中晓君邀请小何分享入职3个多星期以来的体会，和觉得需要支持的方面。

有了前面良好的督导开场，小何很高兴有机会在整个团队中说出工作上的困惑："有些服务对象长期卧床，意识也有点模糊，也有些服务对象口齿不清，我不是很知道怎样跟他们沟通。还有些服务对象脾气很差，也很悲观，我都不知道该怎样开导他……"说到激动处，小何不禁停下来长长地叹了一口气。

晓君听到这里，也跟着长叹了一口气，用同理心回应道："面对不同的服务对象，有时候你觉得替他们难过，有时候也觉得无奈，很希望可以切实地帮到他们，但又一时没找到很好的方法，心里很着急。"小何觉得晓君把她内心的状态了解得很通透，感觉内心舒服不少，使劲地点了点头，"嗯，是的！"

"你手上需要跟进的社区康复者一共多少名呢？"晓君问道，"你上面提到的这些比较难处理的个案大概有几个？"

跟晓君对答之后，小何发现这些特殊情况的个案只占大约10%，感觉也并不是自己原来认为的那么糟糕。同时她也意识到有超过一半的服务对象和他们的家庭都挺友善和健谈，服务过程也很愉快。

接下来晓君邀请其他社会工作者分享他们刚入职时遇到类似问题的一些回应方法和建议。从其他团队成员的回应和分享中，小何发现原来其他社会工作者同样有一些相似的状况和感受，也学到了一些实用的经验。这让她更有信心去应对那些特殊状况，尽管她对一些实际操作还不是很清楚。

晓君总结说："谢谢大家的坦诚交流和分享。小何，下午个人督导的时间我会再详细了解你近期的疑惑，跟你一起制订未来的督导计划。"听到晓君这么说，小何心里更踏实了。在团体督导后半段的时间里，小何主要是作为听众，听着晓君跟王主任、大陈、阿辉探讨他们的服务工作，从中学到了不少新知识。能有这样的学习机会，让小何感觉很受支持。

在个人督导的时段里，晓君先总体了解小何这段时间对于社工行业的体会，尤其是让小何感觉有乐趣和满足感的地方。晓君也分享自己从事社会工作事业过程中的苦乐和成长，帮助小何对行业形成更全面、立体的认知和正确的价值观，然后根据具体督导工作的需要给予专业指导。

督导过程中，小何对自己的工作表现出急于想提升的愿望，对无法切实帮助每一个服务使用者表现出失望。晓君帮助小何认识到，这种期待迅速提升和一次性解决所有问题的愿望会带来焦虑，这种焦虑有好的一面，也有不好的一面。好的一方面是，这焦虑反映出小何积极认真的工作态度，并督促小何持续学习，不断进步，提供越来越多有成效的服务，可以看成是正面情绪；不好的一方面是，这焦虑中也带有一些不切实际的期待，需要小何学会调整。经过这次督导，小何对自己的性格和情绪都有了很多新的理解。晓君说，在往后的督导工作中，她还会帮助小何进一步学习如何通过语言和非语言信息来分辨服务使用者的情感需求。这让小何很期待。

督导者晓君在团体督导时用来支持小何的主要方式是：让参与者之间进行朋辈学习交流、团体讲授知识技能，同时让这两种方式达到缓解小何跟某些服务使用者接触而产生的负面情绪。大陈和阿辉在团体督导中不仅为小何提供了有价值的参考，也为他们增加了一个成功体验的机会。

在亲子教育中有一个方法叫作“忽略”，就是对幼儿在某个阶段出现的一些不良行为不作过多的关注。例如，有些幼儿在学习讲话的阶段会模仿某些大人的粗俗用词，有些家长在小孩每次重复这个词的时候都会回应“这样说是不对的”“小孩不能这样说”等。孩子发现每次说这个词都一定能够得到家长的关注，所以就越发喜欢讲这个词。但是当家长把这个词当成普通的话语，不再给予特别反应，或者是在孩子讲其他礼貌用词的时候给予正面回应，幼儿使用粗俗用词的频率很快就会减少，然后停止。晓君在督导中也使用了相似的策略，对于小何的负面情绪用同理心回应，但并不停留在关注情绪上。

另外，晓君在跟小何进行首次个人督导的时候，留出开头的时间来交流对行业的感悟和认同感，这也是帮助新入职社工建立正向情绪体验的好方法。定期或者不定期地分享对行业的归属感和思考，对任何年资的社会工作者来说都很有必要，社会工作者的心志是克服很多工作困难和挑战的重要资源。督导者一定要注意保护自己和社会工作者心中的那团火，做个权威型督导者。

六、履行调解功能过程中的情绪管理

> 小周所在的机构今年新增了好几个项目，他因此也开始承担了一些督导工作。小周渐渐体会到，机构新增项目得以发展是好事，但是目前机构制度和人员发展的速度一时跟不上机构发展的速度，这让大家都有些不适应。有时他会遇到社会工作者对工作和管理者有各种不同的疑惑和负面情绪。尽管小周知道他的职责之一就是去调解当中的矛盾，澄清误解，但有时候面对社会工作者的负面情绪，他还是有点不知所措。

小周作为新任督导者对督导的功能有正确的认识，也愿意承担这份调解的功能，这是有责任心的表现。要实现调解的功能，一定不能绕开的是提升聆听的能力，听明白不满情绪背后的思维和需求。大部分情况下，社会工作者的不满都会涉及团队中的其他人，督导者有时候有必要了解双方的想法和角度，才有可能接近事实。尽管我们相信大部分社会工作者不会恶意中伤他人，但我们也深知，每个人都倾向于从自己的角度去理解事情，所以处理人际矛盾和嫌隙都需要听双方的讲述。不急于偏信一方，或者不急于满足社会工作者即时的需求，这也是高EQ的表现。

高EQ的督导者也会明白一个事实：世界上没有完美的机构和制度，也没有完美的管理者和管理方式，只有权衡各方利益之后相对理想的安排。所以，督导者在合适的时候也需要帮助不够成熟的社会工作者明白这一事实。面对机构制度或者决策存在的不足，督导者不需要否定和辩护，也不应当和社会工作者一起抱怨，而应该鼓励社会工作者培养向管理者提出建设性意见的能力，将不满和委屈转化成具体可行的建议，达成双赢。这就是情绪管理能力的迁移。

七、督导工作的情绪支持与个案工作服务的区别

情绪支持是社会工作督导功能之一，也是最容易让人产生迷思的一个功能。事有凑巧，相当一部分担任督导工作的资深社会工作者都有丰富的个案工作或者心理咨询经验，而社会工作者在工作和人生的不同时期总有大小不同的需要处理的心结，督导者有时会运用一些个案或者心理咨询工作的技巧来打开他们的心结。因此让人产生“给予社会工作者情绪支持”和“提供个案工作服务”是差不多的错觉。事实上，这是两个不同场景中的不同的服务模式，它们在目的、焦点、角色关系和服务需求等方面都不太一样。

表 14　督导工作的情绪支持与个案工作服务的区别

	督导工作的情绪支持	个案工作服务
目的和焦点	- 被督导者成为一个更称职的社会工作者 - 跟专业和工作相关 - “能怎样协助你在工作中有更好的表现”	- 服务使用者成为一个更好的“人” - 跟服务使用者的全人福祉（同时不排除跟工作）相关 - “能怎样协助你改善现在的状态”
角色关系	- 机构指定	- 相互选择

从上表可以很直观地看出，督导工作的情绪支持是以维持社会工作者的工作表现为主要目的，话题和内容主要围绕服务过程中产生的情感和情绪展开。社会工作者接受谁的督导、督导者负责指导哪些社会工作者，一般不由自己决定，而是听从所在机构的安排。但个案工作服务的双方彼此之间都有双向选择权。

表15　督导工作的情绪支持与个案工作服务的区别

	督导工作的情绪支持	个案工作服务
个案工作/心理咨询技巧的使用	- 可以使用，也可以不使用	- 一定会使用
社会工作者/个人的心理需求	- 督导者向社会工作者指出在督导过程中呈现出来的需求 - 督导者不提供心理服务，但可以适当疏导 - 如有需要，建议社会工作者在督导关系以外寻求其他专业人士的服务	- 跟服务使用者深度探讨相关的服务需求

杨杨是一所中学的驻校社会工作者。

近期，一名初三学生小勤的外公在老家突然离世。小勤从出生后跟外公、外婆一起生活到8岁后，才跟随爸爸妈妈迁居到现在的城市。小勤很想回老家参加外公的丧礼，陪伴外婆，但她爸爸妈妈认为路途太远，会影响她初三备考复习，不同意带她一起回家乡。小勤很伤心，也很气愤，在学校宿舍号啕大哭，不肯吃饭。

杨杨连续多天陪伴小勤，聆听和开导她。对于爸爸妈妈不肯带自己回老家，小勤很生气，扬言3个月不回家见父母。杨杨很想帮助小勤修补她跟她父母的紧张关系，但又感觉很难做到。

今天在督导室里，杨杨跟督导员晓燕讨论这个个案，整个过程都带着难过、不解和气愤，讲到尝试帮助小勤跟父母的紧张关系降温时，杨杨忍不住眼泛泪光。晓燕察觉到杨杨的情绪变化，回应道："杨杨，我感觉到你的心里像在挣扎。"杨杨听到督导明白自己的挣扎，忍不住放声大哭。原来杨杨小学六年级的那一年也有相似的遭遇。从小很疼爱杨杨的姑姑被诊断出患了末期癌症，家人为了不影响杨杨的学习，同时认为她还小，不懂这些事也帮不了忙，所以一直没告诉她。直到3个月后，姑姑去世，父母才告诉杨杨。没能在姑姑病时去看望她，最后也没能与姑姑说声再见，是杨杨一直以来的遗憾。杨杨尤其生气父母不尊重自己、隐瞒姑姑病情的做法。一向温顺的杨杨一直把这些悲伤和委屈压在心底，直到接手小勤这个个案，揭开了她一直隐藏的伤痛。

案例思考题：

1. 假如你是晓燕，作为督导者的你会怎么做呢？

2. 对于杨杨负责的这个个案，你认为督导工作的主要目标是什么呢？

社会工作者的情绪管理能力包括察觉自身的情绪状态、服务对象的情绪状态以及服务过程中双方情感状态的相互作用，合理运用情感，并且管理双方之间的情感回应，这是有效和健康的社会服务的重要环节。杨杨在为服务对象小勤提供服务的时候能分清专业界限，没有向小勤讲述自己相似的经历来获取支持，而是尽心陪伴，值得赞许。

但杨杨为小勤提供的服务目标有待商榷。小勤痛失外公，自己的意愿不被父母尊重，对于一个青少年来说，是很大的事。目前阶段小勤最希望得到的服务未必是修复跟父母的关系。

晓燕在督导中至少需要做两件事。一是此刻必要的情绪支持，让杨杨先把压抑的情绪通过泪水释放出来。这种情况下大部分成年人不会哭太久，释放过后，杨杨更能平静、理智地去思考接下来该如何处理自己的心结。二是服务思路的整理，帮助杨杨意识到目前的服务思路和目标未必最符合此刻小勤的真实需要，建议杨杨再跟小勤面谈沟通。

第一项中说的情绪支持，不代表必须在这次督导现场把整个心结处理好，而是引导杨杨思考她认为怎样处理最恰当。杨杨可能有能力自己处理好，可能想找其他亲友前辈帮忙，也可能希望晓燕帮忙。但晓燕是否认为适合将其放在督导中处理，也要视具体情况综合考虑。不是每一个督导者都有能力或者适合为社会工作者处理因为工作而触动的个人伤痛。但无论如何，晓燕作为督导者的责任是确保小勤接受的服务不会因为杨杨个人的情况而受到影响，而第一项心结处理方案商定工作应该先于第二项服务思路整理工作。

小结

社会工作者每天面对各式各样的工作任务和服务对象，因此会产生各种不同的感受和情绪。人类是有着丰富情感的万物之灵，而不是流水线上的机器人。高 EQ 的督导者懂得将各种情绪看作有价值的信号，既接纳这些情绪，也能恰如其分地帮助社会工作者在工作中了解和管理自己的情绪，使他们能更好地在机构里跟团队成员合作，同时为服务使用者和他们的家庭提供更多高质量的服务。

仅有角色权威的督导者，是有名无实的督导者。有角色和专业权威的督导者像是讲师型的督导者。具备角色和专业权威之后，富有专业使命感的资深社会工作者加上高 EQ，才能成为真正意义上的权威型督导者！

第九章

操练8：以整合资源之法，解督导困惑

充分认识各类资源特性，善于链接资源，为社会工作者排忧解难。提升链接和整合资源的能力是新任督导者的重要操练。

一、系统掌握整合资源的方法

笔者认为，整合及链接资源是新任督导者需要具备的一项重要能力。为何有此看法？我们先来看看以下几位新任督导者遇到的困惑吧。

小梁刚被机构晋升为内部督导员，并被派到机构的一个学校社工项目担任督导工作。对小梁而言，虽然之前他有青少年服务经验，但他并未做过学校社会工作者，他因此担心自己无法为同工提供督导服务。

阿玲也是机构的新任督导员，她负责督导的6名社会工作者基本都不是社会工作专业毕业的，也缺少社会工作实务经验。每次督导，社会工作者们都会向阿玲提出诸多疑问，而且同工提出的问题涉及各个方面，阿玲每次去督导，就像是参加一次“考试”一样，甚为苦恼。

小陈所在机构刚获得一个新的社区服务项目，他需要带领团队开展这个项目。经过一段时间的观察，小陈发现团队社会工作者对社区资源缺乏了解，除了借用场地外，从未主动寻求与其他组织单位的合作，经询问获悉，社会工作者因为不懂如何管理社区资源，还担心自己"说错话"，不敢直接与社区组织单位沟通，小陈作为督导员，他该怎么办呢？

以上案例是否让大家感到似曾相识呢？不少新任督导者都曾遇到过上述情形，大家是如何应对的呢？细看上述 3 个案例，可以发现，3 位新任督导者面对的困惑是不一样的。小梁将要面对一个相对陌生的工作领域，需要有一个适应和学习的过程；阿玲的被督导者经验不足，在实际工作中有诸多疑问，对阿玲的知识储备和综合应对能力要求较高；小陈的团队对社区资源挖掘及社区关系的维系缺乏认识，需要系统学习和示范指导相关能力，增强自信心。

其实，每位督导者都会有自己比较擅长的服务领域，但是目前社会工作者和项目的实际需要可谓"花样百出""层出不穷"，实在是考验人。笔者发现不少社会工作从业人员缺乏整合资源的意识和方法，不懂得运用社区资源推进社工服务。因此，笔者认为，新任督导者需要运用整合资源的方法突破自己的短板，回应被督导者的多样化需求，让被督导者系统掌握整合资源的方法，解决他们面对的工作困惑。

二、突破自己的经验短板

每位督导者都会有自己的优势和专长，同样，他们也有自己的局限与短板。面对自己的短板，新任督导者首先要学会调整心态，走出自己的心理舒适区，认识到“跨领域”并非“新领域”，社会工作的基本方法是相通的，接纳自己的局限，并相信通过学习和实践能让自己更快适应和获得成长。其次可以尝试通过整合资源的方法，应对“跨领域”督导，突破眼前的经验短板。当然，我们可以通过以下几个方面进行努力：

◆ 全盘掌握：检视现有项目资源——通过查阅资料、询问项目社会工作者、寻求上级支持等多途径了解和掌握项目人员、服务及管理状况，对项目情况做到“心中有数”。

◆ 推陈出新：督导者原有的工作经验是一份宝贵的资源，善用原有的经验，融会贯通，创造新发展。

◆ 共享合作：找寻结合点和机遇，把原有项目资源引进到新项目中，为项目注入新的活力，推动新的合作关系建立。

◆ 外援支持：寻找周边专业人才资源，邀请具有相关经验的人员提供专题培训。

◆ 学习提升：阅读相关书籍，与同行多交流，外出到同类型项目点进行参访，多参与前线服务工作，都是学习提升的好方法。

三、回应社会工作者多样化需求

新任督导者最担忧的状况之一就是自身能力难以满足社会工作者们的需求。目前，国内社会工作行业仍处于发展初期，不少社会工作者并未接受过社会工作专业的系统教育，他们的工作能力和成效往往需要督导者的密切“监督指导”。此外，社会工作者需要的支持是全方位、多样化的，但督导者的储备却并不一定是全方位、多样化的，面对社会工作者们层出不穷的

“发问”和需求，新任督导者难免会像上文案例中的阿玲那样，感到“应接不暇”。面对一个非专业背景的工作团队，督导者除了可以链接外部专家资源，提供专题培训外，还可运用链接资源的思维模式，挖掘社区内或团队内部资源，缓解督导困境。

◆ 掌握团队成员优势：熟悉了解团队内每个成员的专业背景、兴趣特长、过往工作经验及其资源圈，听取专业成长期待和方向。发挥和运用团队成员优势，搭建分享交流平台，促进团队成员通过团队分享、协同合作的方式解决工作问题。

◆ 了解社区专业人士资源：了解掌握辖区各专业组织单位及专业人士的情况。一般来说，辖区内的教师、医生、律师、民警等，都是督导者需要了解的专业人士资源。通过邀请专业人士进行业务技巧及经验分享，既促进团队与辖区组织单位的合作关系，又为社会工作者提供学习和提升的机会。

◆ 培养团队研究意识：社会工作者面对的问题层出不穷，如果全部依靠督导者解决，是不切实际的，因此督导者可以通过设定督导培训策略，逐步培养团队研究意识。笔者曾经在服务单位进行晨间学习会、专题朋辈分享会、读书分享会、每月案例分享会等策略，收效颇佳。

督导者和社会工作者一起，为社会工作服务注入力量

表16 督导培训策略表

策略	频次	内容	操作方式	督导角色
晨间学习会	每天1次 10分钟	社区新资讯 行业新动态 服务新经验 专业新研究	通过排班方式，每人轮流负责带领分享	鼓励分享， 适时点拨引导
专题朋辈分享会	每月1次 2小时	服务专长+ 学习研究	两人一组，共同研究与带领分享	统筹安排，提供专业支持
读书分享会	每月1次 1小时	专题读书	确定主题，挑选书目，按兴趣分组学习	定期组织读书分享沙龙，搭建分享平台
每月案例分享	每月1篇	实务操作经验或工作反思	自由发挥，每月公示案例，绩效奖励	搭建展示平台，构建激励机制

四、掌握整合资源基本功

整合资源是社会工作者开展服务工作的基本技能，尤其是对新进驻的社区社工项目，社会工作者要首先掌握社区资源的分布状况，与各个资源方建立良好的合作关系，学会整合和链接资源，能使社会工作者的服务工作事半功倍。俗话说，要给别人一杯水，自己得先有一桶水。因此，督导者也应掌握整合资源的方法。接下来，我们一起来重温整合资源的方法，以期各位新任督导者都能扎实掌握这一技能。

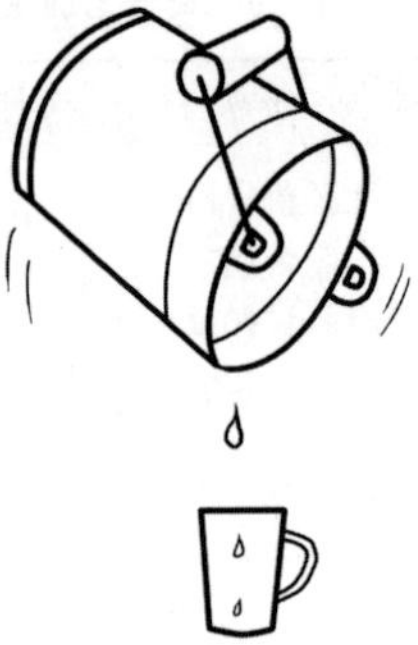

要给别人一杯水，自己得先有一桶水

第一步：掌握资源类别

资源是指在社区内一切可被运用的资源的总和。根据不同的划分标准，资源可以有不同的类别。从资源的归属划分，可以分为正式资源与非正式资源。从资源的位置划分，可以分为社区内资源和社区外资源。我们比较常用的分类方法则是从资源的内容划分，可以分为人力资源、物质资源、组织资源、地理环境资源和文化资源。

◆ 人力资源包括社区精英资源（具有较高社会地位或经济收入的人员，资源丰富的人）、社区志愿者资源、社区同类人员资源（自发性兴趣组织，对社区归属感较强的居民）、社区公众资源（社区全体成员）。

◆ 物质资源包括社区资金和社区设施两大类，社区资金是财力资源；社区设施是物力资源。

◆ 组织资源主要指社区范围内的各种社区组织和驻社区单位。在社区中常见的组织资源包括物业管理、业委会、学校、社工服务站、社区社会组织等。

◆ 社区地理环境资源主要指社区所处的地理区位、规模和景观等，优越的地理区位、适度的规模和优美的景观等均是社区建设的有利因素。

◆ 文化资源是指社区特定的生活方式、传统文化习俗、居民文体活动等，具有一定的地域性和独特性。如广东的粤曲文化、客家文化、龙舟文化等。

督导者可以跟社会工作者一起对项目所在服务场域进行一次"排查"，按照分类的方法对已挖掘和潜在资源进行罗列。列举资源时应该鼓励所有社会工作者都参与。如果条件许可，最好邀请重要合作方一同参加，因为参与人员的基数越大，被挖掘的资源就会越多。

第二步：梳理资源，分类管理

针对社区内外的资源，我们应进行及时采集和梳理，以便一线社会工作者甄别和运用，以下介绍几个梳理资源的工具，供新任督导者使用。

1. 资源信息收集表

资源信息收集表主要把社区资源按照不同类别进行收集登记，登记内容包括资源名称、联系人、联系方式、地址、提供的资源或服务、愿意服务区域、初次对接社会工作者，也可根据社区和机构情况设置特别补充说明、更新状态等板块。为了让各位社会工作者均能知悉资源状况，建议信息收集表每季度定期更新，并在机构内公示。

示例：

表17　资源信息收集表

机构：×××社会工作服务中心　　　　更新日期：2020年×月×日

序号	资源名称	联系人	联系方式	地址	提供的资源或服务	愿意服务区域	主要对接社工
1	××社区卫生服务中心	钟××	135××××××××	××市××××号	每月一次社区义诊或健康宣讲	××区××街	陈××
2	××街社区慈善基金	廖××	187××××××××	××市××路×号	长者居家安全改造和困难家庭儿童圆梦计划	××区	潘××
3	向日葵志愿服务队	莫××	159××××××××	/	针对独居长者进行定期探访及上门义剪服务	××区××街	陈××
4	××药店	凌××	8730××××	××区××街××号	社区义诊	××市××区	彭××
5	……	……	……	……	……	……	……

2. 资源点存表

对社区内的资源状况进行摸查建表后，可以采用资源点存表，对社区资源的供给情况进行分析，从中找寻到社会工作者后续服务的重点方向。表内根据服务人群的需要列出服务内容，然后对照社区资源提供服务情况进行勾选。资源的供给情况除了由社会工作者分析判断外，也可通过对资源服务提供方进行调查访问获取。资源点存表只是一种方法，大家可以根据自己的实际需要进行修订，以便匹配使用。

示例：

表18 资源点存表

服务类别	社区服务单元提供给困境长者服务资源情况		
	足够	存在但不足够	不存在
个案管理		√	
个人辅导		√	
小组辅导			√
法律服务		√	
庇护场所提供	√		
危机辅导			√
互动小组	√		
紧急经济援助			√

3. 资源格

资源格是针对社区或服务对象某一特定问题/需求的资源对接情况的分析工具。针对某一特定问题/需求，从政府部门、社区社会组织、机构、中心及社会工作者和服务对象个人环境4个方面进行资源分析，利用线条的粗细程度说明各资源方对该问题/需求的回应状况，这能帮助社会工作者更加清晰分析有关资源方的态度，有利于建立协作关系，共同参与问题的解决。

示例：

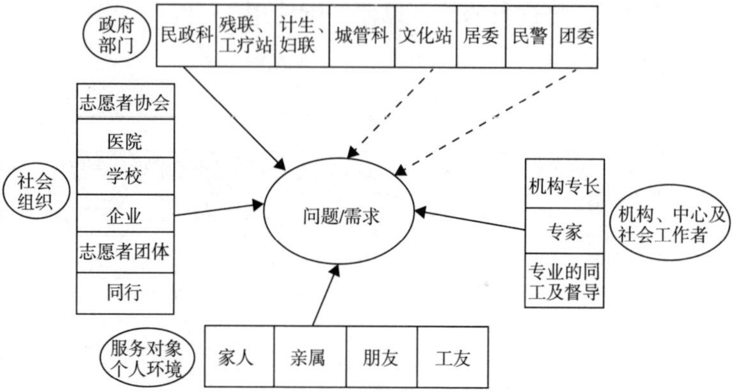

资源格

第三步：了解特性，按需择用

目前，社会工作者比较常用的正式资源主要有政府资源和社会资源，它们与非正式资源一样，有着不同的特性。我们在选择整合时要注意资源的特性，按需选择。

1. 政府资源

政府资源具有公共性、普惠性和基础性，以政策为依据，有严格的准入标准和执行流程，因此申请政府资源需熟悉有关政策、申请条件和流程。由于政府资源有明确的申请和审批流程，所以一般效率不高。督导者要协助社会工作者掌握的基本政策资源中，应包括社会救助政策、社会保险政策、医疗保险政策、教育政策、残障人士福利政策等。

2. 社会资源

社会资源具有较大的弹性，可以依据服务对象需要进行较为灵活的调整，效率比较高，但社会资源一般期待有更强的回报性，资助方追求利益最大化，一般要求申请人能给予资助方一定的回报，如提升社会美誉度、社会影响力等。同时，社会资源具有不稳定性，与资助方的自身发展状况及需求相关，不一定能持续提供。要获得这类资源支持，就需要注重推介项目特色。

3. 非正式资源

非正式资源主要是服务对象身边的家属、朋友、同事、亲戚和志愿者等，具有情感性，以情感维系和相互回报。相较于政府资源和社会资源这样的正式资源，非正式资源对需求的回应效率是最高的，因此社会工作者在链接资源时可以优先考虑服务对象的非正式资源。

第四步：修炼整合资源能力的法宝

1.“好酒不怕巷子深”——塑造良好的专业形象

良好的专业形象无疑是获取外界资源最好的敲门砖，社工督导者要指导项目社会工作者做好项目的形象管理，包括：

◆ 厘清项目的定位、重点服务群体；

◆ 制定项目的目标、服务策略、分工安排；

◆ 结合机构及社会工作者的优势和地区需求，逐步建立项目品牌服务；

◆ 针对不同对象制定不同的宣传策略，并有效实施；

◆ 制作专门的形象识别系统，如Logo、口号、服装等；

◆ 尽可能拓展更多宣传渠道；

◆ 如可能，设定一个专门负责宣传推广工作的岗位。

2.“海内存知己，天涯若比邻”——与外界建立良好的合作关系

社会工作服务的顺利开展，离不开社区资源的支持，尤其是新承接运营的社会工作项目，督导者要协助社会工作者与外界建立良好的合作关系。只有奠定良好的合作关系基础，社会工作者开展服务才会事半功倍。与外界建立合作关系，可以从以下 3 个方面着手：

◆ 主动示好，自我介绍。督导者可以协助社会工作者制订一个清晰、有效的自我介绍方案，通过内部演练，让社会工作者熟练掌握，督导者先行示范，让社会工作者观摩学习，逐步树立自信心。对新进入社区的项目，笔者建议在项目开启一个月内主动拜访社区合作伙伴，包括可能需要合作的政府部门、企事业单位、群团组织、社区领袖等，主动进行自我介绍，最好能附上图文并茂的机构宣传册子，介绍机构的特色服务、此前的服务成效等，争取留下良好的第一印象。

◆ 知己知彼，推动合作。要与外界建立合作关系，首先要了解各个合作伙伴的基本情况，包括其服务工作职能、范围、远景、优势、合作意向等，在充分了解后，寻找合适的合作机会，主动推介，邀请参与，推动合作关系建立。

◆ 专人维系，定期沟通。在合作初期，建议安排专人对接，选择合适的沟通方式进行定期沟通，维系彼此合作关系，尽量避免“有事才联系”或频繁变动对接人员的情况。

3.“共赢才能走得更远”——逐步搭建资源共享网络

资源方的参与和投入大多是带有目的的，或是提升社会信誉度的，或是拓展合作伙伴的，督导者应协助社会工作者共同搭建社区资源共享网络，让各个参与方均能从中有所受益，做到互惠共赢，只有这样，合作关系才能更持久。为此，可尝试以下 4 个方面工作。

◆ 搭建平台，创造机会，促进各资源方互相认识。可尝试建立社区资源共享微信群，彼此共享社区资源信息；

◆ 定期开展社区交流工作坊或社区突出贡献表彰活动，邀请社区资源方出席，并进行自我介绍，促使社区资源互相对接；

◆ 共同订立合作的期望、目标及各种规则；

◆ 通过树立典型榜样、案例分享、沟通交流等方式进行价值观念传递，培养“社区发展共同体”“大家好才是真的好”的共同价值取向。

4.“资源多不一定好”——按需筛选整合资源

资源是否越多越好呢？不一定。因为资源的投放需充分考虑资源之间的关系，促使资源叠加能产生 1 +1 >2 的效果，因此，链接和整合资源时，我们需要考虑以下问题：

◆ 资源方之间曾有过严重冲突吗？如果有，尽量避开同时邀请；

◆ 资源方彼此认识吗？有合作意向或基础吗？如果有，尽量促成合作，共同参与；

◆ 资源方与项目性质匹配度越高，合作的可能性越高；

◆ 优势互补更容易促使合作关系建立；

◆ 同等（近似）条件下，优先运用社区内资源。

小结

良好的整合社区资源的能力可以协助新任督导者解决因资源匮乏而产生的各种问题。新任督导者首先要熟悉自己身边的资源，并协助社会工作者掌握社区资源状况，通过主动出击、形象管理、建立同盟、挖掘培育等方式，不断提升自己和被督导社会工作者的资源链接和整合能力。

第十章

操练9：督导风险管理，建立个案呈阅制度

做好风险管理，建立个案“呈阅制度”；做好把关工作，确保专业服务品质。

一、做好风险管理才可能赢

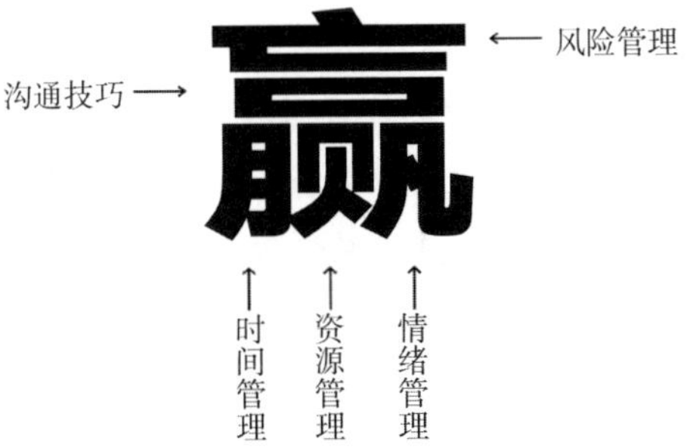

“赢”本义是指获利，也可指利润，引申指超越、增长的意思。
赢家须备的五种能力，应加以操练

“赢”字释义①

成功高效的督导者必须要做好本职工作，以赢得机构管理者的信任以及社会工作者的认可。要协助社会工作者们成功处

① 参考 medium. com/文思不藏思 - 我想赢 - 580bc5ba7472。浏览日期 2020 年 8 月 1 日。

理好个案，专业地带领小组和开展社区工作，社工督导们须做到上图的5项操练：风险管理、沟通技巧、时间管理、资源管理和情绪管理。其中在“赢”字结构中居首的是“风险管理”。另外4项在本书其他章节均有涵盖，本章我们会着重讲述“风险管理”。

社会工作包括社区、小组及个案服务。由于范围过大，而且个案工作遇到风险的机会相对较高，因此本章以个案工作为例，协助新任督导者以“呈阅制度”为工具，做好把关工作，降低因个案工作出现的风险。

二、个案风险无处不在，也不可预知何时发生

案例1

一名年轻的社会工作者接手处理一位独居长者个案，在个案记录中，数次记录服务对象血压偏高，高压经常在160—170mmHg左右，低压经常在90mmHg以上。但他却不以为然，也没有察觉当中的健康风险，更没有向长者提出警示。最后经个案督导者查阅个案报告时才察觉，紧急安排服务对象就诊。假如服务对象真的中风，责任属谁？是社会工作者、还是督导者呢？

案例2

多年前，香港有一名精神病患者抱着一对年幼子女从高处跳楼自杀，在法庭追究死因时，处理个案的社会工作者受到法官严厉的指责，因为她在案发前两个多月没有探视这个单亲家庭，也没有给这可怜的家庭足够的经济和情绪支持，知道服务对象有自杀倾向也没有采取进一步的预

防措施。舆论传媒也对该社会工作者的督导者及主管，甚至机构的不专业和监管不力作出批评。社会工作者和她的督导者事后也受到香港社工注册局的纪律惩处。

案例3

一名一年级的学生被其单亲母亲的男朋友虐待，法院审理案件时，发现虐待行为已持续两三年，小朋友的身体上被发现有数十处不同程度的新旧伤痕。处理此个案多年的社会工作者被批评警觉性不高，未能及早察觉虐待行为的存在，让一个身处恶劣环境的幼童长期受到伤害。督导者对此没有作出有效监督，风险管理意识差，也难辞其咎，受到谴责。

上述3则案例，可看到每一个案都存在一定的风险。个案出了问题，为机构制造麻烦事小，给服务对象生命安全带来危害事大。负责个案的社会工作者会受到司法部门检控，督导者也同时被问责。因此，新任督导者要有危机意识，必须在督导个案时懂得风险管理，做好把关（gate - keeping）角色。

三、居安思危，练好把关功夫，建立个案呈阅制度

个案工作服务对象众多，服务项目烦琐（医疗、儿童、青少年、妇女家庭、老人、身心障碍、司法、学校等），服务场所经常要深入小区各个家庭，相关政策法规复杂多变，危机个案处理常有时效性及高冲突性，因此个案工作是高压力的社会工作实务工作，当中也有诸多社会工作专业伦理的风险。我们发现，个案工作的失误大多在以下情况出现：

◆ 负责个案的社会工作者专业自主度低；

◆ 督导者对个案工作缺乏监管或者没有足够的专业支持；

◆ 个案量过多，社会工作者工作压力大；

◆ 社会工作者未能有效处理个案，没有主动呈报及寻求督导者的帮助，文书档案也没能准时完成，让督导者无从跟进；

◆ 服务对象身处不利环境，也不知道自己的权益，即使受到不专业的对待也不会作出投诉。

四、个案风险管理的内涵

（一）风险的内涵

所谓风险，是指在一定环境和期限内客观存在的因素，可能导致服务对象遭受经济损失或者其他伤害，这些损失的产生在认知与控制上存在着不确定性。这些不确定性包括：事件是否会发生、发生时间、发生状况等都无法确定，事件发生的后果或严重程度也无法确定等。[①]

（二）个案风险的分类

克兰多尔（Crandall），麦卡尼（McCartney）及先路易（Ziemnowies）（1999）把风险分为运作上的风险、法律上的风险、灾害风险、欺诈性活动风险及公关宣传风险5种。个案风险也可以这样分类。

---

① 资料来源：新华网。http：//big5.xinhuanet.com/gate/big5/news.xinhuanet.com/politics/2013－07/27/c_116710317.htm. 浏览日期：2013年7月27日（及《东方日报》2013年7月28日A32页）。

及早察觉

1. 运作风险：是指介入（intervention）过程中的风险，包括评估出错、服务提供推迟等。

2. 法律上的风险：包括没有举报虐儿个案、错误告发虐待与疏忽事件、对于很明显的虐儿个案没有提供足够保护、不正当剥夺父母亲的主张、将孩子安置在危险不适当的寄养家庭，甚至涉及对服务对象的性侵害等。

3. 灾害风险：包括天然或人为灾害，如服务对象居住于斜坡旁、低洼地区，易受水灾、风灾等影响。

4. 欺诈性活动风险：包括个案社会工作者盗用服务对象钱财、服务对象被他人侵吞财物等。

5. 公关宣传风险：一件小事因疏忽可能会造成机构形象上的风险，如：服务对象抱怨投诉、网络或者媒体恶意传播、服务对象隐私或资料外泄等都有可能引发大众媒体负面的报道，直接损害服务对象利益和机构形象。

五、风险管理的方式

个案风险管理从察觉风险开始，后续包括监察、评估、监管、控制及转移。察觉风险后的处理方法可以采取单一或多重风险控制，一般包括以下 4 种措施。

第一种，经常留意监察：对一些低风险个案（在容忍范围内），可以暂时容忍，但要不断跟进监督。

第二种，及时采取避险措施：超过最低容忍度的个案，如果任由它自然发展和发生，服务对象可能要付出高昂的代价，远较及时处理的成本高。故此，察觉到超过容忍度的情况，必须立刻采取避险措施，以减少风险发生的可能性。

第三种，控制：其目标在于降低危机发生率。例如，建立个案定期呈阅制度，督导者加强把关力度，推行个案风险控制等。

第四种，风险转移：例如，购买专业保险或者将个案转介至其他机构等，将风险转移，由他人分担承受。

除此以外，在处理风险的时候，督导者们需要清楚认识两个重要的概念：一是事件发生的概率或其影响，可以通过一些预防措施减少；二是风险管理并不是追求“零”问题及“零”风险，而是强调在可接受的风险程度下，追求最大的效益。

六、海恩法则与风险预防

个案潜藏风险的预防和规避可以通过督导者有计划、有系统地去改善，消除问题或风险发生的条件。预防工作包括确立风险管理的目标、风险及早识别与评估、控制和防范、提高风险警觉等。

一般而言，每种风险最初只是小危险，但由于个案社会工作者疏忽及放松对风险的警戒，低估其严重性，在玩忽职守推动下继续推诿，于是小事情变成大问题，然后由一个小危险演变为大危机。个案工作是面对较多风险的服务，督导者必须时刻提高警觉，对服务对象的投诉和异样都不应忽视，必须严谨处理，这对于预防风险有一定的帮助。

海恩法则是德国飞机涡轮机的发明者帕布斯·海恩在航空界提出的一个关于飞行安全的法则。根据此法则，每一起严重事故的背后，必然有29次轻微事故和300起未遂先兆，以及1000起事故隐患。只是当事人粗心大意，没有及早察觉。

海恩法则强调两点：一是事故的发生是量的积累的结果；二是再好的技术，再完美的规章，在实际操作层面，也无法取代工作人员自身的素质和责任心。此法则也适用在个案工作的风险管理上。

回顾本章开始时提及的3个案例，假如督导者在事故发生前能做好把关工作，及早介入，留意社会工作者的工作手法、重视个案的工作进度等，上述不幸个案就有可能不会发生。因此，预防个案事故发生，重点在防范，及早察觉并制定各种预防措施，以保障服务对象的福祉。

七、个案记录呈阅制度

机构、管理者和督导者都应该对社会工作者的专业失当行为保持敏感度，尽量及早察觉。社会工作者有时会不适当地执行职务、提供不符合专业标准的服务、用不合宜的手段达到目的等，但他们多数都不是故意的。这些不当行为包括违反保密原则、错误安置儿童、不适当地结案等。有时风险是来自社会工作者的怠职，社会工作者该做的事没有做到、没有依据专业标准尽应尽的义务、没有防止服务对象自杀的预案、服务对象需要服务时迟迟未能响应、未能防止第三者受到伤害、未能适当地监督服务对象、未能转介服务对象给专家以得到合适及时的咨询治疗、不合宜的咨询、不合宜转介、记录疏失及蓄意诈骗等。

八、个案记录呈阅频率

个案记录呈阅制度是个案风险管理的重要一环，因为它可以有效管理个案，定期呈阅制度可及早觉察个案可能发生的问题，特别是那些有大量个案需要处理的机构，个案呈阅制度让督导者可以及早制止对个案不合适的介入方法。

个案记录呈阅首先是根据个案的危机性、风险性等来将个案分设若干等级，不同等级的个案文书有其特定的呈阅及审批时间。个案记录呈阅审批制度是一项具有严肃性、有序性和时效性的制度，能及时有效地辨识和拆解个案隐藏的风险。在机构内，文件呈阅及审批可由综合的行政部门负责，按督导者要求定时、准时从档案室把有关个案文书抽取出来呈送给督导者作批阅。个案文书在督导者审阅、批准及签署后被送回给负责这些个案的社会工作者，个案社会工作者须按督导者的批示跟进个案。

推行个案定期呈阅制度首先要将个案分类，以决定批示的频率。批示频率建议如下：

表 19 个案分类

	个案分类	特征	批示频率
(1)	非活跃个案 (non - active case)	➢ 不自愿个案 ➢ 长者等待入住养老院 ➢ 状况相对稳定的个案	每 3 月 1 次
(2)	普通个案 (ordinary case)	➢ 婆媳纠纷个案 ➢ 情绪、行为辅导 ➢ 滥药个案	每 2 月 1 次
(3)	活跃个案 (active case)	➢ 服务对象不能自我照顾，没有照顾者 ➢ 家暴个案 ➢ 受虐个案	每月 1 次
(4)	高危个案 (high risk case)	➢ 服务对象病重，没有照顾者 ➢ 服务对象有自杀倾向 ➢ 精神病母亲单独照顾幼儿	每月 1—2 次

定期的个案记录呈阅制度是优化作业（The best practice）中的一种方法，它并不会因在不同时间呈阅而成为社会工作者的压力，反而让社会工作者习惯准时完成个案记录，减少文书积压的情况。由于个案不全都是活跃或高危个案，它们大部分都是非活跃个案，只需在两三个月内批阅一次即可。

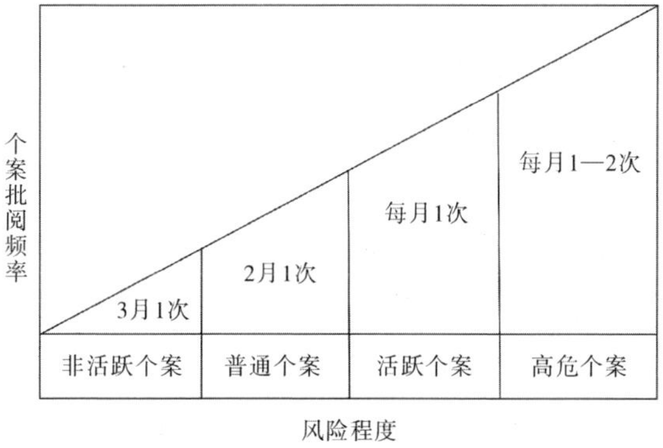

定期的个案记录呈阅制度是优化作业中的一种方法

九、个案记录呈阅制度的特质

定期的个案记录呈阅制度有以下特征，新任督导者应该多加留意：

1. 个案审阅的目的不是对文字进行校对、修改语法和更正错别字，而是要了解社会工作者是否正在有效协助服务对象解决问题，检查工作有没有遗漏之处，服务对象是否满意服务等。发现不当之处，就要找相关负责的社会工作者跟进，即时处理，降低风险。

2. 通过审视个案服务记录的内容，督导者可检视工作人员对问题的诊断、处置等是否妥当，据此可以评估个案服务质量及风险之高低。

3. 如发现个案需要紧急处理，督导者应该立即找有关负责的社会工作者即时跟进处理，不要再等待综合档案部门将文书按常规流程送来后处理。

4. 如机构没有综合文书管理部门，个案文书呈阅时可以在督导者跟社会工作者之间直接安排交接档案。督导者每次批示后应在档案上清楚写下个案下次呈交的日期，社会工作者也应该在下次呈交日期前先把个案进展简要、完整地记录在案，并且按日期准时呈交。

5. 一些问题复杂的个案，很难通过一次会谈或探访就可以决定服务方向。因此，在批阅个案服务记录的时候，督导者应该对个案做好完整的评估，并提醒社会工作者在下一次会谈或家访时跟服务对象或者服务对象的家人跟进的重点。

6. 个案服务记录可以让督导者了解社会工作者对专业知

识和专业技巧运用的情况，并作为专业和行政督导参考的依据。

7. 通过批阅个案服务记录，督导者可以掌握服务对象的医疗信息、心理健康评估及社会史等，从而了解服务对象的需求是否得到适当的回应，并作为风险评估的依据。

8. 个案审阅制度的目标是每季度要将机构所有个案全面审视一遍，个案愈高危，审视密度应该愈高。

十、其他个案风险管理方法

除了设立定期的个案记录呈阅制度，还有以下的预防工作值得新任督导者留意：

1. 充足的培训，让社会工作者熟知工作程序及内容。鼓励社会工作者有充足的准备，不仅熟知工作内容，而且熟悉个案工作过程的细节，特别是对那些有暴力倾向、有精神病史的服务对象可能发生的异常情况，以及对应的专业服务知识及技巧等，要相当熟悉。一些关键的才能在培训期应让社会工作者充分掌握。

2. 保持完整记录，方便跟进。个案工作过程中出现问题，很多时候是由于记录不清，导致跟进困难，没人知道需要做什么。每一个案应该有完整的记录，才能做到有效、及时地跟进。事实上，个案文书可以成为社会工作者自我保护的工具，当面对争议或涉及法律问题时，个案服务记录就是对社会工作者和机构的一份有力的保障文件。为了要有一份优质的个案服务记录，督导者应留意让社会工作者在书写时把握以下几项原则：

原则一：对与个案所面对的问题和需求相关的基本资料，应有全貌式的陈述。

原则二：在进行个案服务记录时，必须依据机构的指引和要求，参考服务对象问题的特性进行记录。因此，除了一般通用的记录表格外，建议不要只以固定格式撰写，避免忽略服务对象间的个体差异。

原则三：记录内容可以有客观性资料，作为分析与拟订介入计划的依据，同时，社会工作者必须根据专业知识判断哪些资料是对个案服务是有意义、有价值的。除此之外，个案记录也必须有具体分析与服务建议。

假如社会工作者能按照上述原则书写个案文书记录，督导者就不难在文书中及早找到隐蔽的潜在问题。

3. 行业和学者多作分享。我们鼓励行业内部多互相分享，多办研讨会，并邀请相关学者、专家参与，集思广益，共同拟定规避各种个案风险的方法和措施。

4. 学习和遵守相关法律法规。法律法规在生活的各个方面（如离婚、家暴、赡养老人、虐待等）皆有明确要求和规定，社会工作者在处理不同类型个案时，必须切实遵纪守法，依法办事，并留意相关案例，避免法律上的风险。

5. 预定应变措施，减少进退失据的情况。应变措施是指针对事故苗头、事故征兆，甚至意外安全事故所作的预案。机构对家庭暴力等个案应制定应变措施。在制定应变措施的时候，应该有广泛的参与，以增加应变默契。

6. 见微知著，不掉以轻心。对个案中的一些微小异常情况，新任督导者须加留意，它可能是事故苗头和事故征兆的反映。新任督导者必须及时加以判断和处理，千万不能视若无睹，置之不理，留下隐患，本章开头的案例1是个好例子。

7. 前车可鉴，不固执己见。要吸取行业在安全问题中的经验教训，以作为组织机构的前车之鉴。在日常工作中，要多传达安全事故信息给社会工作者，而安全整顿时，要应用海恩法则，把重点放在查找事故苗头、事故征兆以及原因上，并提出切实可行的防范措施。

8. 亡羊补牢，不要一错再错。20多年前，一次寒流造成香港30多位独居长者死亡。但接下来的几天后，寒流再次出现，仍有多位长者因寒流死去。社会人士开始质疑负责长者个案工作的社会工作者们的工作：他们都做了什么，竟然让悲剧重演？个案社工面对天气等自然灾害风险，正确的态度和做法就是要吸取教训，亡羊补牢，以免重蹈覆辙，绝不能对隐患听之任之，一错再错。

9. 满意度调查及投诉机制。任何问题，事前皆有迹可循，只要小心留意，不难作出防备。这些迹象被称为诱发因素，它们可协助督导者和社会工作者及早察觉问题所在。不少学者提出一些流行指标（prevailing indicators）帮助督导者及早察觉个案在介入过程中可能出现的各种状况。这些指标包括：

（1）不断接到服务对象投诉。收到投诉后，如果发现之前已有类似投诉，管理者和督导者应该警醒并迅速查究，找出过往事件发生的次数、相隔时间、涉及哪些员工，等等。假如执行到位，满意度调查和投诉机制也可以帮助督导者和管理者有效、及时地察觉社会工作者及个案的潜在问题。

（2）机构管理出现问题。例如，经常出现空缺、员工流失率高、员工病假频繁等。

（3）个案社会工作者经常玩忽职守，擅离岗位，无心工作，缺乏动力，对职务失去热忱，苟且过日，这是个案和服务出现问题前最大的警示信号。

小结

风险管理不应该是出现问题后的亡羊补牢，而应是事前的预防和管理。承担个案管理责任的督导者必须具有忧患意识，注意与各方保持有效沟通和交流，除日常个案督导外，督导者和管理者应该合力推行个案记录呈阅制度，及早主动找出个案隐患，做好把关工作，经常反思处理个案上的漏洞，尽早消除对服务对象不利的因素，做到防患于未然。督导者能在风险管理上多与同工分享经验，也有利于推动个案风险管理。

第十一章

操练 10：社工专业伦理重温再重温

社工专业伦理重温再重温，熟读伦理两难案例，减少推迟伦理议题的判断。

一、社会工作伦理是社会工作实践的基础和支撑

有一个运动鞋广告的口号是：想做就做（Just do it!）。

作为督导者，必须提醒被督导者千万不要想做就做，必须 Do it right（把事情做对），社会工作者的鲁莽行动往往不会带来好结果。社会工作者的任何一个行为、任何一个决定都可能会影响深远。不仅影响受助者的家庭幸福，也影响到社会工作者的专业形象、机构声誉以及整个专业的社会认受性。我们怎样做才能 Do it right？最基本就是要服从社会专业伦理以及有关的职业操守。

以下的案例说明没有社会工作伦理规范的恶劣影响。

案例 1

有多名穿着工作服的社会工作者在公交车上高声谈论着中心主任的不是，说他卑鄙，奖罚不公、贪图小利、不

顾服务使用者的死活等，虽然他们没有指名道姓，但从他们的工作服显示的机构名称就可知道他们谈论的对象是谁。显然，他们违反了社会工作者保密原则以及社会工作伦理中对机构、对同工的伦理责任。他们的行为影响了公交车上的乘客对机构的观感、信心，对社会工作专业形象的认受性。

案例 2

多年前，台湾多家机构联合声明不会聘用某大学毕业的社会工作专业学生，而该大学社会工作系主任因此被迫辞职。原因是，该校一位社会工作专业毕业学生处理一家暴个案时，收到服务对象的紧急求助电话，当时这名社会工作者正在去往午餐的途中，他午餐后才起行，延误了两小时才到达，结果该家庭的儿童被父亲打伤，妻子亦被丈夫砍伤，生命垂危被送往医院。事件被传媒广泛报道，舆论一致指责这名社会工作者不以服务对象的福祉为依归，把“服务对象为先”的原则置于脑后，未能提供实时协助，后来事件的焦点转为质疑该社会工作者毕业的大学的社会工作专业的教学质量乃至社会工作专业伦理等问题。

案例 3

某中心的社会工作者将签到表放于办公桌上，供出席吉他班学员签到。但签到表上除姓名外还列有参加者的电话号码，为的是行政管理方便。但过了一段时间，社会工作者收到一女性参加者家人的投诉，说她女儿长期受某男生电话性骚扰。经调查发现，该男生是从签到表上获得该女生的电话的。这明显地违反了社会工作的保密原则，使参加者个人资料外泄。

谨记：社会工作者个人专业的行为及言论，不仅代表自己，还代表机构，更有可能对整个社会工作专业造成影响。

二、社会工作伦理

专业社会工作伦理是社会工作实践的基础和支撑，但一直以来，社会工作伦理问题并没有引起足够的重视。在实务实践过程中，社会工作者常常会因为不同的价值矛盾陷入困境之中。

社会工作专业伦理是社会工作专业自身依据专业价值观，对专业人员提出的道德理想和行为规范。社会工作伦理守则在具体实务活动中发挥着指引、约束、监督、评估等具体的作用，为从业人员提供了一系列行为标准和规范，包括：对服务对象的伦理责任、对同事的伦理责任、对服务机构的伦理责任、作为专业人员的伦理责任、对社会工作专业的伦理责任和对社会的伦理责任，如下图。

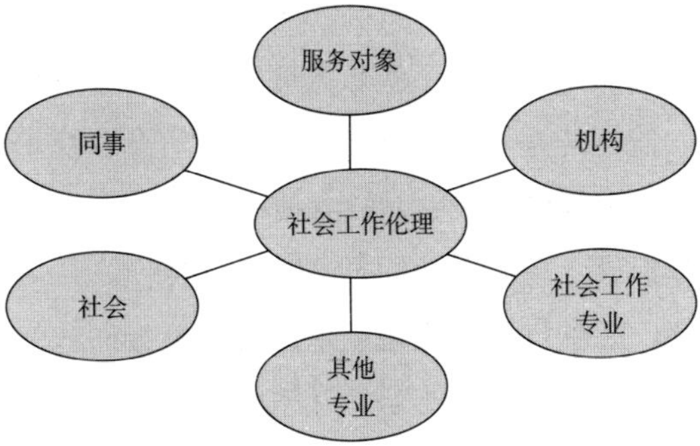

社会工作伦理

简而言之，社会工作伦理是社会工作专业的行规，是社会工作价值的表现，是社会工作者的行为准则。它的功能包括：

1. 它是实践社会工作理想的应用原则；

2. 它是社会工作人员提供专业服务的指南；

3. 它是判断社会工作实务适当与否的标准；

4. 它可用来规范专业行为；

5. 它提升社会对社会工作专业的信任。[①]

社会变迁快速，社会问题丛生，在社会服务需求大增之下，社会工作专业应运而生，而且被逼迅速成长。社会工作者是否能提供满足需要的有效服务呢？是否值得信赖？社会工作伦理在此扮演着重要的角色。社会工作者是否知道专业伦理的内容？知道之后又是否可以做到知行合一呢？

笔者（莫世民）2012 年开始在广州讲授新入职社工课程，主要教授“专业社会工作伦理”，差不多讲授了 20 场，平均每场人数近 40 人。在开始授课时必问学员两个问题：第一个问题：你们看过专业社工伦理守则吗？第二个问题：你有遵守专业伦理守则吗？

问这些问题的目的是了解新入职社工对专业伦理的认知和认同程度。遗憾的是每场只有两三个人知道专业社工伦理守则的存在，更不要说他们阅读过、接受并能应用于工作当中。除了上述课程以外，笔者过去多年也曾到福建厦门、吉林长春、陕西西安和广东的江门、佛山、珠海等地教授同样的课程，也问了同样的问题，结果均不是很让人满意。

---

① 曾华源、胡会荣、李仰慈、郭世丰：《社会工作专业价值与伦理概论》，台北·洪叶文化事业有限公司，2006 年版，第 191 页。

三、对督导的伦理要求

专业社会工作发展离不开社会工作督导的发展，社会工作督导是专业社会工作发展不可或缺的重要组成部分。2012 年国家 19 部门联合发布的《社会工作专业人才队伍建设中长期规划（2011—2020 年）》明确提出，培养 8 万名社会工作督导人才。

社会工作督导必须协助被督导者对社会工作价值与伦理有深切的认识，包括在社会工作过程中对服务对象的伦理责任。

依据社会工作伦理守则，督导者也有本身的伦理规范。首先，督导者要坚持公正分配的原则安排被督导者的工作，同时要处理好与被督导者的关系。社会工作伦理规范明确指出，督导者要在自身的知识和能力范围内对被督导者进行督导。为此，社会工作督导者要接受继续教育，同时还要避免督导中的双重关系。

（一）合理安排被督导者的工作

督导者要遵循以下的工作分配原则：

1. 平等。具有同样职位、薪酬的社会工作者应该担负同等的责任，同时获得相等程度的工作安排。

2. 考虑服务对象的需要。即应根据服务对象的需要来安排被督导社会工作者的工作。

3. 考虑被督导社会工作者的需要。即进行工作安排时要考虑被督导者自身的需求。

4. 考虑被督导社会工作者的权利。即要考虑被督导者的能力以及意愿进行工作安排。

（二）持续学习，提高专业素养

一方面，社会工作者对督导者的依赖程度偏高，期待督导者是万能的，在督导过程中问什么问题都能现场得到解答。社会工作伦理规范明确指出，督导者要在自身知识和能力范围内对被督导者进行督导。因此，督导者需要持续学习，提高专业素养，积累督导实务经验，在实务实践中要守住职业伦理的底线。

另一方面，由于社会的变迁与国际化、多元化的趋势，个案工作、小组工作和社区工作的手法与策略也需要对应调整和更新。因此，督导者需要随着时代发展趋势接受训练，以促进督导角色与功能的发挥，务必做到 L > C（Learning 学习，Change 改变）。

（三）处理好与被督导社会工作者的关系

对所督导的社会工作者，督导者要关注社会工作者的个人和专业成长，要以督导者的身份与社会工作者建立专业联结，对其进行积极的鼓励和引导，为行业不断培养和输送优秀的社会工作专业人才。专业督导角色倾向于运用专业方法和技巧，通过与社会工作者建立专业关系，引导社会工作者思考和行动，陪伴社会工作者在知识、技巧、能力、经验方面的成长和进步，督导中避免专业以外的双重关系（如商业关系、性关系等）。

（四）训练

社会工作督导是专业训练的一种方法，它是由资深的社会工作者通过一种定期和持续的监督、指导，对机构内新进入的工作人员、一线初级工作人员、实习学生乃至志愿者，传授专业服务的知识和技术，以增进他们的专业技巧，促进他们成长并确保服务质量的活动。在机构内，督导者要负责提供社会工作者在职训练，教导社会工作者如何执行社工伦理、妥善处置各种问题等，也要协助社会工作者快速融入特定领域的工作。因此在职训练是专业人员不可忽视的。训练需要有规划，要有督导者带领执行，并要加强伦理难题的认识、判断、抉择与处置，减少社会工作者专业伦理的不当行为。

（五）处理好专业社会工作伦理在职务上的运用

社会工作的领域很广，服务对象多元，医疗、儿童、青少年、妇女、家庭、老人、身心障碍、司法矫正、学校、社区等都是社会工作的服务范畴。另外，社会工作者任职的单位可以是政府机关和民间机构、基金会等非营利组织。由于每个机构有不同宗旨、愿景、价值、目标，社会工作者会因为执业领域的单位特性差异及服务对象的变化而面对不同的价值冲突和伦理挑战，督导者在这方面的工作，任重而道远。他需要有扎实的社会工作伦理基础、足够的工作经验以及专业理论与技巧。

（六）推动组织内的专业伦理实施

作为机构非常高级别的员工之一，督导者是机构的专业代表，应对伦理守则的实施有无可推卸的责任。因此，他对社工伦理的广度和深度应该有足够的认知，能够去解释、咨询、修订、宣传、教育、训练、规划和实施它。此外，亦要能处理伦理争议、审理督促社会工作者提升伦理能力等工作，因此督导者必须加强对社会工作专业伦理的操练，以满足角色上的要求。

（七）协助社会工作者解决伦理两难问题

1. 伦理两难和介入模式

社会工作在实务过程中，经常会面临伦理困境和严峻考验。能否有效地并妥善地处理不仅可以反映社会工作者的实务运作能力，而且从整个社会的角度来看，也会影响着社会工作的专业地位及社会认受性。督导者要熟知社会工作者在实务过程中所面临的伦理难题以及基本的工作原则和方法。社会工作督导者必须协助社会工作者在遇到伦理两难时，判断要采取的专业行为或实践本身对服务对象的影响，做出符合专业道德规范的行为。在此过程中，督导者需要协助社会工作者厘清面临的主要伦理困境是什么，面对伦理困境如何进行伦理抉择，以及如何处理可能产生的伦理危机。为此，督导者应有深厚的伦理两难及如何处理等知识。

2. 督导自身在实务中的伦理困境

督导者在实务过程中，自己的专业价值与其他价值出现冲突，在面对不同的伦理价值要求时作不出最优决策，不能 Do things right，也会使督导者自己陷入两难境遇。所以，社会工作督导实务中可能会发生督导者与社会工作者、督导者与机构、督导者与同事、督导者自身等几方面的伦理困境。最明显的例子是，服务质量与服务量的取舍、鼓励进修与排班困扰的矛盾、专业利益与机构利益的冲突、机构目标与专业目标冲突、对机构忠诚与个人选择冲突、专业责任与工作责任冲突、行政角色与专业角色冲突、机构利益、社会工作者利益、督导利益冲突等。督导者应从专业的视角和价值观出发，有针对性地找出解决对策。

四、督导服务对象及自身之伦理责任

依据社工伦理守则，督导者的服务对象伦理责任重点如下：[1]

表20 督导服务对象伦理重点

对象	伦理重点
实务工作	➢ 政策的推展 ➢ 增进效能 ➢ 资源分配 ➢ 督导伦理 ➢ 服务记录与保存 ➢ 有效呈现工作成果，争取合理工作环境 ➢ 机构任务优先
专业人员	➢ 不断进修，努力提升社会工作专业技能 ➢ 包容多元，防止歧视 ➢ 严禁参与违法活动，并注意自我言行 ➢ 加入学术小组，推动社会工作专业发展
社会工作专业	➢ 提升社会工作专业形象 ➢ 致力专业的承传，促进社会福利公正合理的实践 ➢ 研究、出版、致力社会工作专业技能的发展 ➢ 促进社会工作专业制度建立

① 秦燕：《社会工作伦理》，台北·华都文化事业有限公司，2013年版，第252页。

续表

对象	伦理重点
社会大众	➢ 倡导人类基本需求的满足，促使社会公平、正义的实践 ➢ 致力社会公益，倡导与实践 ➢ 面对因灾害所引起的社会安全紧急事故，提供专业服务 ➢ 协助受压迫、被欺凌的人获得社会安全保障 ➢ 促使政府、民间团体及社会大众履行社会公益责任

五、建议

社会工作伦理规范明确指出，督导者要在自身的知识和能力范围内对被督导者进行督导，为此，督导者要有专业使命感，肩负起推动专业伦理的责任。督导者自身更需遵守社会工作伦理守则有关规定，提高专业素养以及 Do things right。

督导者的伦理实践失误，会给服务对象带来伤害，虽然伤害比较隐蔽，但督导者不要掉以轻心，要不断反思，保持伦理敏感度。我们对此有以下建议：

1. 机构从上到下都需要接受伦理训练。督导者应以促进专业伦理实施为己任。

2. 督导者应深入了解罗文柏格（Lowenberg）& 多罗夫（Dolgoff）的伦理顺序表，以及雷默（Reamer）之处理伦理困境两难原则（分别见附 1 和附 2），活学活用，这有助社会工作者解决伦理两难问题。

3. 应用时遇到困难，应立即向前辈求助，这有助于认识抉择过程及思考方向。

4. 多阅读伦理两难案例，包括医务、老人、身心障碍、儿童、青少年、妇女、家庭等领域的伦理两难案例，以增加融会贯通之效，减少推迟对个案伦理议题的判断的情况。

5. 督导者的支持是最有效的抗压方法，当伦理议题出现时，督导者需要挺身而出，协助解决问题。

6. 对社会工作专业，督导者要肩负起专业责任，为专业伦理代言，不遗余力地推动专业发展。

7. 规模较大的机构内部可设立伦理委员会，针对特殊伦理议题展开讨论、交流、碰撞，以发展出一套既符合社会工作专业伦理价值又符合机构发展目标和个人发展需要的内部伦理规范。

8. 督导者之间可建立朋辈支持小组，在遇到伦理困境时可以开展小组讨论、沙龙交流等，用专业的视角来找出脱离困境的方法。

9. 督导者应定期接受高阶的专业伦理训练，以提升督导专业知识，强化督导功能。

小结

当社会工作者因为伦理方面的原因受到服务对象的投诉或者法律控告时，他们的督导者同时也会被牵连和责难，机构声誉也会因此受到影响，故督导者应做好社会工作伦理的把关工作。

近 10 年来，在英、美及中国香港等地发生了无良社会工作者因为不诚实、贪念、恶意或是为了满足个人私欲而违反伦理守则（例如没有举报虐待个案、与服务对象发生性关系、敲诈服务对象等不当行为）的事件，数量虽然不算多，但整个社会工作专业却因此受到很大的影响，社会认受性受到损害。及早察觉和处理有个人问题的社会工作者是督导工作很重要的部分。督导者应该多留意被督导社会工作者个人问题的征兆及其原因，用心去关心有问题的社会工作者，提供适切的协助和督导。假如还不能有效改善，督导者应立即通知机构主管进行适当处理，避免服务对象或机构受到伤害。

附1 伦理原则顺序表[①]

原则1 保护生命原则
原则2 差别平等原则
原则3 自主自由原则
原则4 最小伤害原则
原则5 生活质量原则
原则6 隐私保密原则
原则7 真诚原则
罗文柏格与多罗夫
（Lowenberg & Dolgoff，1992）

附2 处理伦理困境两难的原则[②]

1. 对人类生命、健康、尊严的伤害高于其他伤害（如诚实、保密、财富、机会均等等）。

2. 个人基本福祉的权利优于他人的自决权。

3. 个人自我决定权优于其自身基本福祉的考虑。

4. 人们在自由意志下遵守的法律、机构规定等义务，高于个人的信仰、价值与原则。

5. 为预防发生对社会大众的伤害，以及为提升公共利益

① 秦燕：《社会工作伦理》，台北·华都文化事业有限公司，2013年版，第171页。

② 秦燕：《社会工作伦理》，台北·华都文化事业有限公司，2013年版，第166—169页。

而对个人财产累积造成损害是可接受的。

6. 当个人基本福祉权利与法律、规定，以及民间组织中的规则相冲突时，个人福祉权利应优先考虑（遵守法律法规和单位制度是应该的，但不是绝对的，当服务对象的基本幸福或社会工作者的生命安全受到威胁时，法律法规就不是优先被遵守的——编者注）。

雷默（Reamer）

第十二章

操练 11：督导工作压力“断舍离”

学习减压心法及秘诀，操练压力的“断舍离”。

《哈佛商业评论》杂志[①]某期的封面如是说：如果没有一定程度的压力，你无法拥有一个有意义的职业生涯。重要的是，你如何处理二手压力。

新任督导者感受到压力是无可避免的现实，特别是要面对新的工作环境和任务时。而所谓的工作压力，是指一些跟工作有关的因素未能跟员工的能力或期望相匹配，员工本身因对这些因素缺乏控制能力而产生的心理不适。适当的工作压力可以帮助提高新任督导者的工作效率，增强他们的活力以及对事件的警觉性。但压力过大而没有得到适当的处理，则会影响督导者的健康，例如引起头痛、焦虑、肠胃不适等。倘若一位助人的督导者自身的生活和工作都充满压力，感到无望和无助，这必将影响他为社会工作者增能（empower），甚至让机构的专业水平下降，其后果不容忽视。因此，新任督导者必须要懂得及时舒缓压力，机构也应该对新任督导者作出有效的支持。本章将帮助新任督导者了解什么是压力和压力的来源，怎样预防

① 《哈佛商业评论》，2018 年 11 月号。

以及管理好工作中的压力，从而妥善照顾好自己。

一、督导压力的来源

初出道的督导除了要面对专业的实务考验、工作任务的增加、人际关系的不确定性之外，更要承担解决社会工作者在处理小组、个案、社区等专业工作中面对的难题，压力的出现也因此在情理之中。苏怡如（2008）在探讨阻碍督导功能发挥的因素时指出：督导者未接受足够的训练、能力及信心不足、督导者跟社会工作者的工作理念不合、未能处理好角色上的冲突、遇到被督导社会工作者的抗拒、督导者和社会工作者的比例过高等，都是督导者压力的重要来源。[①]

（一）社会工作者的抗拒

督导者压力通常来自与被督导者的紧张关系。督导关系是督导者与被督导者之间的互动，是一个人际沟通过程。针对组织中的规定进行沟通，督导者坚守社会工作原则，以服务对象利益为考量前提，兼顾被督导者的感受与需求，让被督导者有表达不同意见的权利，彼此间除专业服务关系外，必须有个人情感的投入。在此，有关个人情感之投入涉及专业关系界限的拿捏，过犹不及地使用权力都有可能影响督导关系的建立。

1. 磨合期的压力

社会工作者与新任督导者之间由于个人背景、所受训练、

---

① 苏怡如:《探讨台湾家暴社工督导角色功能之应然面与实然面》，南投·暨南国际大学社会政策与社会工作学系硕士论文，2008 年。

性格特征等不同，彼此都会有意见不同的情况，新任督导者虽然知道要因应社会工作者的不同特质提供不同的督导方式，但是督导者自我也是有局限的，无法具备千手观音的能力去因应社会工作者的多元化需要，所以督导者与被督导者间，在最初阶段的磨合会存在着相当大的风险。

2. 资深社会工作者不理会新任督导者

一般督导者都是从资深社会工作者中晋升的。虽说督导者是资深社会工作者，但有时也会遇到比他更资深的社会工作者，还可能会面对比自己年纪更大、比自己更有主见、更敢怒敢言的社会工作者，加上新任督导者有时无法满足社会工作者所有的期待与需求，这个时候，就容易造成紧张的督导关系，有时甚至出现社会工作者集体对督导者不信任并多方挑衅督导者的情况，这无疑会让督导者感到压力。

3. 面对不积极、不合作的社会工作者

有些社会工作者有惰性。同样的个案量，有些人可以如期完成，在要求的时间内完成记录、完成必要的联系与资源链接，可是有些人就是会拖拖拉拉的，令督导者感到担忧，加上新任督导者要先处理自己负责的行政性业务，无法随时提醒社会工作者按时交记录，某些有惰性的社会工作者记录能不交就不交，这样容易在机构年度评估时，出现“社会工作者不急、督导者急死”的局面。

（二）督导者跟社会工作者的工作理念不合

当督导者与被督导者意见相左而双方僵持不下，又或当督导者的想法无法与社会工作者融合时，彼此间往往会产生芥蒂，容易形成僵持不下的局面，影响督导关系。

当督导者认为社会工作者应该多做几次家访，深入了解家暴的原因时，社会工作者却觉得无能为力，而且社会工作者会考量自身的人身安全，只是消极地去跟进，开案6个月后，仍没展开任何辅导，并在个案会议报告中避重就轻地报告个案状况，而督导者往往也会考虑到被督导者手上的个案量，加上高危机个案需要花费较多心力，对于被督导者所提结案评估报告，也无法发挥督导机制的有效作用。

（三）新任督导者能力不足

社会工作督导是一种使能（enable）的过程，是社会工作实务直接服务的一面镜子，但是当督导者感到能力不足，面对上述困境感到无力时，往往只能硬着头皮做下去，督导者能力不足可能是因为未受过足够的督导训练，有“空枪上阵”的感觉，此时督导者心理和生理的压力往往是旁人无法体会的。

（四）督导者信心不足

新任督导者本身没有充分信心带领新入职社工，基本上一定会影响到服务质量，因为督导者自己如果在处理上不知道怎么去应对，或是社会工作者对他有所期待时，督导者比较难以厘清头绪，在本身又比较没有信心的情况之下，就会对督导工作的质量产生影响，进而使督导者产生压力。

（五）对督导者期待过高

很多时候督导者被期望是万能的。例如：广州的社工站同时提供家庭、长者、青少年、残障人士、志愿者等服务，就不太利于新任督导者的发展。由于服务采用综合的模式，社会工作者不能只学习或专注于某一种服务领域，他们需同时具备上述不同群体多种类型的个案及小组工作等方面的知识和技巧。面对这种运营模式，新任督导者会感到压力，因为他不是超人，不可能什么都会，不能即时为社会工作者的多元化需要提供督导。

（六）督导工作中的角色冲突

督导者多兼具有管理者的角色与任务，机构的管理体制亦赋予新任督导者职务上的权力，但往往不受新入职社工的欢迎，因为他们要的是关怀与温暖，需要立即能解决问题的督导，但每位新任督导者身上都肩负诸多行政性业务，需经常与其他机构、街道等进行跨专业、跨领域工作，因此，督导角色调适不佳，往往会影响督导功能的发挥，产生压力。

（七）督导者和社会工作者的比例过高

压力是当工作要求超出你的能力范围下产生的（如下图所示）：

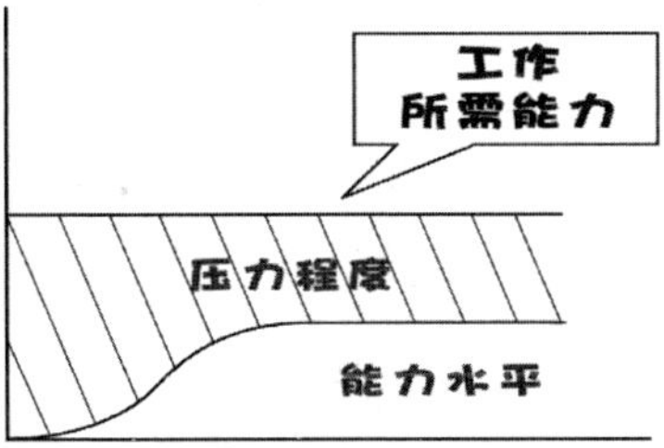

工作所需能力图

一般的督导体制未能考虑到新任督导者要面对角色转换的压力，要求新任督导者跟其他督导者一样负责相同数量的社会工作者的督导工作。另外，因为机构内管理体制导致的一些无法解决的问题，并非是新任督导者凭一己之力可以解决的。这些过量的任务和无法解决的问题对新任督导者也是一种无形的压力。

当新任督导者的督导工作量过大，每天都有超越其能力和承受量的新事件发生，面对的问题和压力不断累积，最终很容易导致身心俱疲、成效低下。

（八）督导角色调适不佳，影响督导功能的发挥

新任督导们要面对督导角色的转换压力，又要符合组织对督导角色的期待，面临着多样化的挑战。国内现阶段的督导培养机制还不完善，大都是临危受命担任督导工作，除了兼负行政业务外，一方面要负责项目方案；另一方面要带领新入职社工，势必加重督导者的压力。督导者在身心上都还没准备好，面对体制也无求助渠道，往往是硬着头皮做下去。

（九）督导体制不健全，加重督导压力

在机构内，督导者似乎已是最高级别的社会工作者，体制基本上已没有太多专业支持渠道。当督导者感觉无助时，在机构内的管理体制中也无人相助，就只好消极等待，直到无法支撑下去。又或者是身心出现问题，阻碍督导功能发挥，逼着督导者自动退场，造成督导工作无法传承。

二、工作压力的管理

懂得管理压力是一项重要优势

压力是好是坏，主要看你如何管理。懂得管理压力是一项能使你成为独特领导人的重要优势。知道了工作压力的来源及症状之后，下一步便要作出有效的管理。

方法1：操练减压心法

新任督导们，尝试正向看待压力、用信心自我喊话，正向的能量便会开启。请谨记以下心法：

1. 压力是无可避免的。

2. 新任督导们身处试用期，即使是有自信、有能力的人也会感到有压力。

3. 切记："有压力"不代表就会很糟糕。

4. 可将"过度压力"转化为"适度压力"并控制其蔓延。

5. 虽然压力是无形的，但也是可以被解开的。

6. 谨记：别希望别人替你解决问题，或者期待问题自动消失。

方法2：认清压力来源

辨别督导压力的来源，消除压力产生的机会和条件。压力本身不是问题，问题在于让你紧张、担忧的压力是什么？上文已协助你弄清楚了压力的来源，你可以从恐惧的情绪中跳脱出来，从根本来源着手，逐一将压力移除。

方法3：操练工作中的“断舍离”

将不必要、不重要的工作交给下属，或大刀阔斧地将之省去，将工作量控制在可处理的范围。挑能做的先下手，不能即时解决的就暂时放手，或只做70分就可以了，不必过于追求完美，剩下的那30分，可以留到稍后追回，这更会显示你阶段性的进步及可塑性。绝大多数新任督导者，都浪费太多的精力去烦恼那些不容易改变的社会工作者及个案。建议你写下你的“压力列表”，把让你感到压力的状况都写下来，如能力不足、无法获得社会工作者下属的认同、不知道该怎样扮演督导角色等，并且分成两组，一组是你可以控制的，一组是你无法控制的（例如，机构外部环境）。无法控制的部分如不重要，就放手慢慢去做。针对能有所作为的部分，采取实际的行动，改变可改变的，以增加成就感，对抗无谓的恐惧。

方法4：面对压力心态要正向转化

你如何看待压力决定了压力将如何影响你。将压力视为威胁，陷在消极负面的情绪中，只会瘫痪你的脑袋，看不见其他的可能。

面对压力，要学习与它相处，重新找回身心的平衡，便可快乐地继续工作。在压力反应的3F（fight、flight、fear）中选取对抗（fight），要从退缩（flight）及恐惧（fear）中抽身，正向地面对压力和挑战，面对问题的力量也会慢慢地释放出来。

方法5：有助减压的减法思考

督导们，请不要忘记：压力管理是减法，不是加法。我们很容易放大忧虑，被惶惶不安的情绪折磨。面对压力，我们得学着反向操作，进行减法思考。压力终有尽头，眼前的困境绝对不是永恒的。就像讨厌上学的孩子，每去上一天课，距离暑假的日子就缩短了一天。假设压力有总量，再难缠的状况，每经历一秒，离解脱就又更近了一步。督导是一种磨炼的养成过程，是需要时间去成长的，每经历一事，信心、能力就进步多一些，压力就会相应减少。

方法6：创建非正式支持系统

所谓“非正式支持系统”是指服务机构外的支持体系，例如从学长、老师、家庭成员处得到的支持都可以称为“非正式支持系统”。

非正式支持系统可满足自己情绪支持的需求，从而增加阳光气息的输入。督导者在机构属于少数的“夹心”阶层，他们扮演的角色在机构中算是上层建筑的一员。因此，新任督导者在机构中不易建立自己的支持系统。如在同事中有较投缘的一两位，又或以往曾在一线一起拼搏过，现在仍和他们有交往的，应继续和他们保持联系，以获得他们的支持，分享他们得到的信息、想法，并得到他们情绪的支持。这些支持可以降低工作压力，并给你充电，减少倦怠，令你重新得力，使你知道自己不是在孤军作战。

方法7：规划放空时段

“记住，要学会放松，建立自信。”在压力下，身体常不自觉地紧绷，累积的疲劳又造成更大的压力。给自己一段完整的时间，适度地放空，即便只有5分钟，放下手上恼人的任务，从头到脚、从内而外专心放松。或者，养成规律运动的习惯、活动紧绷的神经都是减压的好方法。

方法8：4A学习

有谁天生就能当督导者？这可说是极少的。我们大部分督导的知识都是由模仿别人、学习前人的知识，或自己在经验中累积下来的。作为刚出道的社工督导者，必须做到4A学习，即人人（Anyone）学习、时时（Any time）学习、处处（Anywhere）学习以及事事（Anything）学习。例如可趁周末或每周抽一两个晚上修读合适的督导课程，除汲取实用知识外，还可认识其他督导者以及不同机构的中层管理者，大家彼此交流心得，互相扶持，总好过整日自困愁城，在死胡同内钻牛角尖，以减少倦怠的出现。

方法9：成立智囊团（Think Tank）

“单打独斗，孤军作战”是压力的来源，可考虑成立自己的督导伙伴联盟或顾问班子，就像刘备三顾茅庐那样邀请学长、前辈等对你作出实际的支持，并定期约他们见面，运用他们的智慧和才能，在你面对困难的时候为你建言献策，以独立第三方给你冷静、中立、有效的建议或优化方案。让他们成为你的支援系统、职场的后盾，为你充权，指点迷津，增添督导信心。但这些工作，切忌张扬，尽可能非正式地在办公室以外的地方进行，且要坚守保密原则。

小结

新任督导者永远担心自己做得不够好、在乎别人对自己的评价、害怕失控的变化不知道会从哪里冒出来；在机构内，面对上级的要求、社会工作者下属的表现、自我的检核，各种压力从四面八方涌来；除了心理上的焦躁不安，生理上也可能会有胃痛、头疼等症状，内外煎熬得像是无止境的循环，希望上述减压建议能成为你摆脱压力的出口。

广州市同行社会服务发展中心

广州市同行社会服务发展中心（简称广州同行）成立于2014年3月，是由北京、重庆、成都、广州、香港、台湾等地从事社会工作教育、研究和实务的专家及社会工作者发起，在广州注册的具有独立性、专业性的社会组织。

我们的愿景：

承担责任，秉持专业，携手同行，用行动推动中国社会福利事业的发展，努力成为社会服务界的典范。

我们的使命：

致力培育高素质管理及社工人才，促进社会服务不断完善，凝聚各地社工专业力量，推动中国福利事业发展。

我们的业务范围：

● 社会服务人才培训：根据政府部门、高校和不同社会服务机构的需求，广州同行精心挑选我国香港、台湾、广州等地具有丰富实务及管理经验的讲师量身定制多样化的线上线下培训课程，包括专题工作坊、个案研讨、实务跟岗、高校MSW实务专题培训、珠三角实训、港澳台实训、社工职业水平考前辅导等，协助社会服务机构、高校及政府部门培养社工专业人才，提高专业能力。

● 社会工作专业督导：广州同行可组织具备资质的香港、台湾及本土资深督导者，以个人督导、团体督导等形式，为社会组织人员提供情感支持、专业支持及能力建设支持。目前已承接广东省广州、佛山、江门及湖南省长沙等地的督导服务项目。

● 社会服务专业评估：广州同行组建了一支专业评估团队，通过以评促建、以评促进、以评促优的评估模式，建立服务质量评估指标体系，对各类服务项目进行综合评价，以促进服务质量的提升。目前已承接养老机构/福利中心监管与评估、残疾人居家托养和社会工作服务评估、社区综合服务中心评估、康园中心及居家养老服务中心评估等项目。

● 社会组织咨询顾问：广州同行可为社会组织提供咨询顾问服务，协助社会组织对自身的发展策略、服务计划、组织管理、制度建设、人才培养、财务管理等进行有效规划，推动组织内部的完善。

● 社会服务项目策划：广州同行依托专业及实地调研，从服务与需求的对应程度为政府及社会组织策划可落地实施的社会服务项目。目前已在广州和扬州承接基层治理协同创新试点、城乡社区服务网络发展和建设规划等项目。

● 社会政策专项研究：广州同行致力于为政府、决策者和业界提供最新的社会动向、民意数据和调查报告，为社会政策制定提供科学依据和智力支持。已承接的项目类型包括社情民意调研、养老事业发展规划研究、养老机构公建民营运营可行性分析、残疾人托养中心和康复中心运营可行性研究等。

● 社工专业技术研发：因应目前我国内地社工界的需要，广州同行研发社会工作实务和技巧等方面的教材，包括撰写书籍和教材、研制机构管理实务套表、录制实务教学视频等，为各地社工提供专业支持。目前资助出版了《安老院舍与社会工作》《新入职社工的十一项操练》《新手社工主管的十一项操练》等书籍，正在筹备撰写社会工作实务本土化实践探索书籍及录制社会工作个案/小组实务技巧教学视频。

• 社会福利行业倡导：为了促进信息和资源共享，广州同行以研讨会、分享会、朋辈辅导沙龙等形式为各地社工及社会组织搭建经验交流平台，共同探讨行业发展动态，推动社会工作行业持续健康发展。

联系电话： 020 - 82375047
邮　　箱： txing2014@ vip. 163. com
地　　址： 广州市黄埔区广新路 66 号黄埔区社会组织培育基地 308 室
网　　站： http://txing. org/

后记

督导成长之路犹如一条蜿蜒的登山之路。

虽然山路时而兜兜转转，时而崎岖不平，甚至时而下行一段，但只要坚持操练和积淀，督导攀山之路的大方向就依然保持上行。登山者需要队友，彼此鼓励，相互扶持。朋辈同行、前辈师友、被督导项目的社会工作者们以及督导期间遇到的种种人和事，都是督导成长之路的旅伴。多跟他人交流督导工作中的心得和困惑，督导成长之旅不仅会有更多欢声笑语，也会收获美好的友谊。

本书的成书期间正好遇上新冠肺炎疫情，全赖莫世民先生的鼓励和带领，社会工作者叶丽平和我在兼顾日常工作和尚有年幼孩子之家庭需要的同时，勉力整理了一些我们在督导工作中的心得和体会。在这个特殊时期与两位良伴的合作于我是一段很难忘的经历。

我对社会工作督导工作的认知始于在美国求学时期。我先后在 3 家机构、超过 1200 小时的实习中遇到 4 位性格和风格迥异的督导者，也从“非营利机构管理及督导”这门课程中深度学习到管理和督导岗位的学问。从源自西方的经验和理论，到国内截然不同的实践和需求，我幸运地遇到好几位香港资深社会工作督导者和内地本土同行，他们总能在我需要的时候给我指导、启发和鼓励。另外，勤于思考、保持开放灵活的态度和多方聆听学习也是我能持续成长的关键。本书分享的是3位作者在各自领域和实践中的经验和心得，但不会适用于每一个督导者遇到的每一个场景。我们鼓励读者也能精于思考，善于变通，不断练成自己独有的心法和招式。

作为社工操练系列的第三个册子，《新任社工督导者的十一项操练》得以成书，广州市同行社会服务发展中心的理事长杨明宇博士给予了莫大的支持，在此致以由衷的感谢！同时，也感谢罗观翠教授在百忙中为本书作序！罗教授为我们后辈所景仰，她为香港、广州乃至整个内地社会工作发展和人才培养倾注了大量心血。中国社会出版社的余细香编辑及其团队也在出版过程中给予我们很多的帮助和指导，让本书在专业水平和文字使用方面都大有提升。

我也十分感谢我的丈夫。尽管身处不同行业的他对我的工作了解不多，但他一直都非常支持我在事业上的发展和追求，让我可以有很大的空间和自由度在我喜爱的事情上不断学习和发挥！在我事业和人生发展路途上的每一个脚印，都离不开他的支持和付出。

愿这本收录了3名作者多年的智慧与洞见以及满载师友家人对我们的爱与关怀的《新任社工督导者的十一项操练》，能带给读者们满满的祝福。最后以宋代诗人陆游的名句送赠各位新任社工督导者，与君共勉：

纸上得来终觉浅，绝知此事要躬行。

香盈盈

2020年11月

于广州